Hermann Bahr

Schwarzgelb

Hermann Bahr

Schwarzgelb

ISBN/EAN: 9783965062665

Auflage: 1

Erscheinungsjahr: 2018

Erscheinungsort: Treuchtlingen, Deutschland

Literaricon Verlag UG (haftungsbeschränkt), Uhlbergstr. 18, 91757 Treuchtlingen. Geschäftsführer: Günther Reiter-Werdin, www.literaricon.de. Dieser Titel ist ein Nachdruck eines historischen Buches. Es musste auf alte Vorlagen zurückgegriffen werden; hieraus zwangsläufig resultierende Qualitätsverluste bitten wir zu entschuldigen.

Printed in Germany

Cover: Emil Orlik, Bildnis Hermann Bahr. 1908, Ausschnitt, Abb. gemeinfrei

Schwarzgelb

von

Hermann Bahr

1917

S. Fischer, Verlag
Berlin

Erstes bis viertes Tausend
Gedruckt während der Kriegszeit auf Papier mit Holzschliffzusatz

Dem großen Österreicher

Richard von Kralik

Salzburg, Weihnachten 1916

Inhalt

Deutschland und Österreich

Deutschland und Österreich haben in diesem Kriege, durch diesen Krieg erst einander wirklich kennengelernt. Erst jetzt weiß jedes der vielen österreichischen Völker, wohin Österreich gehört: an die Seite Deutschlands; aber auch das deutsche Volk weiß jetzt erst, was es doch an Österreich hat. Nicht immer war allen unsern österreichischen Völkern bewußt, daß Österreichs Platz bei Deutschland ist, nicht immer ist Österreich von seinen eigenen Völkern ganz verstanden worden und in Deutschland ist Österreich lange verkannt oder doch unerkannt gewesen.

Das hört sich seltsam an, gar aus österreichischem Munde, und mancher denkt vielleicht im stillen: Diese Österreicher sind doch eine undankbare Gesellschaft! Wie? Österreich von Deutschland verkannt? Wie konnte sich der Österreicher in Deutschland unverstanden fühlen? War er nicht überall im Reiche willkommen? Sah er sich nicht stets mit offenen Armen aufgenommen? Wurde seine Begabung, die Beweglichkeit, Anmut und Wärme seiner schon südlicheren, sonnigeren Art, die gute Laune seiner helleren Sitten nicht neidlos anerkannt? War der Österreicher in Deutschland nicht eher geradezu fast ein bißchen überschätzt? Jedenfalls aber heillos verwöhnt? So denkt mancher im stillen, und gerade jetzt, wo dies alles nun ja glücklich überwunden ist, wird's Zeit, einmal laut davon zu reden, und mit voller Aufrichtigkeit, um alte Mißverständnisse aufzuklären und vielleicht neuen Mißverständnissen vorzubeugen. Verwöhnt? Ganz recht! Aber das eben war's ja. Verwöhnt! Nämlich: verwöhnt wie ein Kind, ein entzückend begabtes, wenn auch nicht immer ganz artiges Kind, mit dem man in heiteren Augenblicken gern spielt und das man in ernsten aber dann aus dem Zimmer schickt. Das war das Gefühl, das wir Österreicher im Deutschen Reiche hatten. Und jetzt darf man es ja sagen, wie uns darum alle diese Gastlichkeit und Herzlichkeit und Fröhlichkeit in deutschen Landen doch immer heimlich leise wehe tat, die wir eher als eine unverdiente Kränkung, fast als einen Vorwurf empfanden, weil wir ihr doch anhörten, daß man im Grunde, Hand aufs Herz! eigentlich nicht sehr viel von uns hielt. Das heißt, man hielt schon was von uns, man hielt sogar auch wieder allem Anschein nach sehr viel von uns, aber doch nur in Dingen, die dem Deutschen gleichgültig oder jedenfalls nicht die Hauptsache sind. Man ließ sich von uns Schneider, Putzmacherinnen, Friseure, Masseusen, Kellner, Köche, Tänzer, Schauspieler, Sänger, Operetten, Anekdoten und Feuilletons liefern, kurz: allen Tand des Lebens, ließ uns allenfalls auch noch in den schönen Künsten, ließ unsere Gewandtheit, unsere guten Formen, unsere Begabung für jede Art von Zierat gelten, ja man gestand uns gerne zu, darin dem Deutschen vielleicht sogar überlegen zu sein, in allem worauf es ihm schließlich nicht im mindesten ankommt. In allem aber, worauf es für das Gefühl des Deutschen am Ende ganz allein eigentlich ankommt, im Wesentlichen, in den entscheidenden Dingen des Lebens, nein, da traute man uns nichts zu, da hatten wir einen sehr beschränkten Kredit. Wir galten für unsachlich, für nicht eben zuverlässig, für nicht sehr pünktlich, unsre Schlamperei war sprichwörtlich, und kein Deutscher dachte daran, sich jemals im Ernst mit einem Österreicher einzulassen. Wer sich in deutscher Gesellschaft durch seine Mundart als Österreicher verriet, stieß immer gleich auf dasselbe fatal begönnernde Lächeln, sah sich durch ein Gespräch über Sechsschritt, Mehlspeisen oder, wenn's hoch ging, Kunstgewerbe beglückt und wurde dann schleunigst aber an die Damen abgegeben, zur weiteren Behandlung. Verdroß es ihn, daß der Österreicher durch sein bloßes Erscheinen schon als ein guter Witz wirken soll, widersprach er dem Ruf, den wir in Deutschland hatten, und versuchte gar für ein besseres Verständnis unserer Art zu werben, so fand er kein Gehör, keinen Glauben, dafür aber eine Unkenntnis unsres österreichischen Lebens mit allen seinen Bedingungen und allen seinen Problemen, ja der ganzen geschichtlichen Entwicklung Österreichs, die ihn entwaffnete. Es blieb ihm nichts übrig, als resigniert zu verstummen und sich höchstens Gedanken darüber zu machen, warum denn wohl der Deutsche, der so viel weiß und der doch aber am liebsten alles wissen möchte, warum dieses Volk von Oberlehrern nur gerade von seinem nächsten Nachbarn und Bundesgenossen nichts wissen will. Wir wissen wahrhaftig auch nicht viel von den Askaniern, aber immer noch eher als ein richtiger

Berliner von den Babenbergern, ja selbst über Karl VI. und die Pragmatische Sanktion, über die Hauptplätze unserer Geschichte. Man übertreibt nicht, wenn man sagt, daß sich der Durchschnittsdeutsche (und dieser Durchschnitt reicht zuweilen bis zum Unterstaatssekretär) vor diesem Kriege doch in Persien und in China weit besser ausgekannt hat als in Österreich. Für den Durchschnittsdeutschen ist Österreich erst in diesem Kriege entdeckt worden. Denn da hat sich ja gezeigt, daß der Österreicher doch mehr ist, nicht bloß glänzend, nicht bloß für den Schmuck und Zierat und Verputz des Lebens begabt, sondern doch auch sonst noch verwendbar, auch in den Hauptsachen, auch im Ernst. Das machte den Deutschen stutzig, bis zum Unterstaatssekretär hinauf, und es fing ihm aufzudämmern an, der Österreicher könnte vielleicht, müßte vielleicht doch noch anders sein, als man sich ihn bisher vorzustellen gewohnt war. Wir wurden ihm auf einmal interessant, und ist man mit ihm erst so weit, da läßt er ja dann nicht locker. Was er tut, tut er gründlich, man sieht das wieder an der neuesten Berliner Mode: wer nur ein bißchen den Kopf dazu hat, lernt dort jetzt Türkisch. Das macht uns hoffen, daß mit der Zeit schon auch an uns die Reihe kommen wird und der Berliner sich vielleicht auch noch einmal entschließt, Österreichisch zu lernen.

Leicht ist das für ihn nicht. Österreich richtig zu sehen wird nämlich dem Deutschen besonders dadurch erschwert, daß es ja jahrhundertelang an der deutschen Geschichte teilgenommen hat. In dieser langen Zeit schien es allmählich schon so sehr ein Stück Deutschlands geworden, daß es auch heute noch, auch ausgeschieden aus der deutschen Geschichte seit 1866, für das deutsche Gefühl ein zwar jetzt abgetrenntes, aber doch dem Wesen nach immer noch kein fremdes Land ist, auf das also der Deutsche nun alle seine deutschen Gewohnheiten, alle seine heimischen Vorstellungen, seine eigenen politischen Begriffe unwillkürlich ohne weiteres überträgt. Er vergißt dabei, daß Österreich zwar allerdings jahrhundertelang auf Deutschland eingewirkt hat, aber eigentlich doch immer nur von außen her, selbst draußen stehend, selbst bei sich bleibend. Es hat gelegentlich seine Hand auf Deutschland gelegt oder in Deutschland gesteckt, aber niemals seinen Fuß nach Deutschland gesetzt. Es hat jahrhundertelang in Deutschland mitgetan, man möchte sagen: dreingetan, aber immer aus seinem eigenen Raume her, gewissermaßen aus der vierten Dimension, aus einem Jenseits, jedenfalls von draußen, von drüben, vom anderen Ufer, und stets so, daß es dabei sich selbst oder doch einen Teil von sich, und zwar gerade den wesentlichen, immer zurückbehielt, immer für sich behielt, wohl verwahrt. Gerade von seinem Wesen hat es die Deutschen nichts merken lassen, absichtlich nicht, für den Verkehr mit den Deutschen hat es sich ein eigenes Gesicht aufgesetzt, für die Landung in Deutschland, die es eine Zeitlang, ganz gegen seinen wahren inneren Kurs, versuchte, hat es sich einen besonderen Steg angelegt, eine deutsche Schmalseite, die dann, nach der mißglückten Landung in Deutschland, allmählich wieder eingezogen und längst aufgelassen worden ist. Deutschland aber fuhr fort, wenn es an Österreich dachte, noch immer nur diese längst schon beseitigte deutsche Seite Österreichs zu sehen, es sah bis zum Krieg an Österreich noch immer nur die Deutschen Österreichs, nur diese zwölf Millionen unter den einundfünfzig, als ob dieses Viertel Österreich wäre, jemals ganz Österreich gewesen wäre, und bemerkte nicht, daß auch diese Deutschen Österreichs, so gute Deutsche sie geblieben sind, ja durch das gemeinsame Leben mit andern Völkern, welches Österreich ist, doch längst noch etwas andres geworden sind, noch etwas wesentlich andres: eben Österreicher.

Was heißt das? wird der Deutsche sagen. Kann denn ein Volk noch etwas andres sein als eben dieses Volk, kann aus einem Volk mehr werden, als es ist, kann ein Volk sozusagen über sich hinausgestreckt werden? Ja damit sind wir eben schon unmittelbar am österreichischen Problem, denn eben dadurch entsteht Österreich und eben darin besteht es, daß jedes seiner Völker sich an den andern Völkern höher zu strecken hofft, als ihm aus eigener Kraft je möglich wäre.

Österreich entstand 1526, als Ferdinand I., der Enkel Maximilians, der Sohn Philipps des Schönen, der Bruder Karls V., am 24. Oktober zum erwählten König von Böhmen, am 16. Dezember zum erwählten König von Ungarn gekrönt und so Habsburgs Erbland mit Böhmen und Ungarn eins wurde. Das war ein dynastisches Bedürfnis, es war aber auch ein Bedürfnis des Erblandes, und es war überdies ein Bedürfnis Böhmens, ein Bedürfnis Ungarns. Aus der Begegnung dieser vier Bedürfnisse, dort wo sie sich trafen, an ihrer Kreuzung ist Österreich entstanden. Ferdinand war der

Erbe Maximilians, auch der Erbe seiner unsteten Seele, der letzte Ritter spukt in ihm noch nach. Und Ferdinand war der Bruder Karls, des Herrn der Welt, derselbe ruhelos schweifende Sinn nach Macht schwellt auch seine bangen Träume. Für diesen ungeheuren angeborenen und noch von brüderlicher Eifersucht erhitzten Ehrgeiz langte das Erbland in seiner Enge nicht, der in Weltweiten schwelgende Geist des Fürsten wäre darin erstickt. Aber auch seinem angestammten Volke war die Heimat zu enge geworden. Es hatte bajuvarische Kraft und keltischen Glanz im Blut, und diese Mischung trug ihm eine reiche Begabung ein, die nun aber zögerte, sich selbst in Bewegung zu setzen. Es waren Menschen von einer fruchtbaren, aber stockenden Tüchtigkeit, unfähig, ihr Wesen selbst aus der eigenen Tiefe zu heben. Sie blieben in sich stecken, wenn sie nicht aufgeschreckt wurden. Erst wenn sie sich in ihrer eigenen Art bedroht sahen, wurden sie sich dieser eigenen Art auch selbst bewußt. Sie mußten in Gefahr sein, um selbst erst gewahr zu werden, was sie waren. Erst wenn sie auf andre stießen und ihnen angst wurde, sich zu verlieren, da fanden sie sich, da verstanden sie selber ihr eigenes Wesen erst. Es traf sich nun aber merkwürdig, daß um dieselbe Zeit auch dem Böhmen, auch dem Ungarn die nämliche Not bewußt wurde. Auch der Böhme, auch der Ungar wird allein mit sich nicht fertig. Auch sie, sich in Sicherheit überlassen, verstocken und ersticken, wenn sie nicht durch den drohenden Anblick oder Angriff einer befremdenden Art herausgefordert, an den eigenen Sinn erinnert und so zu sich selbst genötigt werden. Die großen Böhmen, der Przemyslide Ottokar und der

Luxemburger Karl IV. und gar der größte, der Utraquist Georg von Podebrad, wußten alle schon, daß ihr böhmisches Volk, um Funken zu geben, erst auf ein fremdes Volk stoßen, an ein fremdes Volk schlagen muß, und dazu hat auch der heilige Stephan Ungarn mit Fremden überschwemmt, und das war's auch, warum Matthias Korvinus nach Mähren und Schlesien drang, die Steiermark nahm und fünf Jahre lang Wien ungarisch besetzt hielt. In allen diesen Männern kündigt sich schon Österreich an, sie gehen mit Österreich schwanger, sie tragen das Österreich von 1526 aus, das für den Deutschen der alten Ostmark, wie für den Böhmen, wie für den Ungarn dieselbe nationale Notwendigkeit ist. Jedes dieser drei Völker spürt auf einmal, daß es nun aus eigener Kraft nicht mehr weiter kann, daß es sich bisher noch immer etwas schuldig geblieben ist, und gerade das Beste, daß es noch weit mehr kann und auch mehr will, aber daran immer irgendwie geheimnisvoll gehindert wird, daß es sein letztes Wort noch lange nicht gesagt, sein letztes Werk noch lange nicht getan hat und dieses letzte Wort aber niemals aus sich allein sagen, dieses letzte Werk niemals aus sich allein tun können wird, daß ihm dazu noch irgend etwas fehlt, daß es noch nicht auf seiner eigenen Höhe, daß es inkomplett, unfertig, ein Fragment, daß es erst bloß ein verworrenes Vorspiel seiner selbst ist, daß es noch einen Nachsatz braucht, um den vollen Sinn zu geben, diesen Nachsatz aber, seinen eigenen Schluß, in sich selbst nicht finden kann, daß es also einen Zusatz braucht, von außen her, irgendeinen Sauerteig, um durch ihn sein eigenes Inneres aufzutreiben, durchzugären und in Saft, in

Frucht zu bringen, daß es erst organisiert werden muß, aber von sich nicht organisiert werden kann, sondern nur an andern, angespannt von andern, daß es sozusagen, um endlich ganz es selbst zu werden, erst heiraten muß. Wobei freilich damals zunächst noch unentschieden bleibt, wer in dieser Ehe denn eigentlich der Mann und wer das Weib oder ob keines Herr über das andre, sondern jedes im Dienste von allen sein soll; darüber enthält der Ehepakt nichts. Daß keines seiner Völker, seit es Österreich eingegangen ist, jemals mehr vergessen kann, wie not es diese Ehe hat, das ist das geheimnisvolle, sprichwörtlich gewordene Glück Österreichs, das sich immer, wenn man es am wenigsten erwartet, pünktlich wieder einstellt. Daß aber bis zum heutigen Tage noch immer keines seiner Völker weiß, ob es in dieser Ehe Mann oder Weib zu sein und welche Rechte, welche Pflichten, welchen Platz und was es zu tun oder zu lassen hat, das ist es, was uns nicht zur Ruhe kommen läßt. Aber vielleicht soll Österreich gar nicht zur Ruhe kommen, weil es vielleicht sein Wesen ist, Bewegung zu sein, ein ewiges Aufwärts seiner bald angezogenen, bald abgestoßenen und eben von diesem Strom emporgetragenen Völker.

Indem Ferdinand I., der Erbe Maximilians, der Herr der alten Ostmark, 1526 zum böhmischen und zum ungarischen König erwählt wurde, entstand Österreich: seine Länder haben es gewählt, sie haben es gewollt, sie haben sich frei für Österreich entschieden, zu Österreich entschlossen, keins der österreichischen Länder ist mit Waffen erobert worden, keines ist bezwungen worden, sie fanden sich zusammen und wuchsen zusammen, nicht auf Gewalt noch Willkür beruht Österreich, sondern auf Freiheit und Notwendigkeit, nicht auf äußerem Zwang, sondern auf innerem Drang, nicht auf Befehl, sondern auf Bedürfnis. Es ist eine Zusammenkunft von Völkern, worin jedes dieser Völker an den andern, im Leben mit den andern, in der Furcht vor den andern, im Argwohn gegen sie, im Neid auf sie, im Wettstreit mit ihnen, im Kampf um die Macht, in dieser fortwährenden höchsten Anspannung seiner unablässig wieder gereizten, wieder bedrohten, niemals gestillten, immer wieder gesteigerten, niemals befriedigten Kraft über sich empor zu einer Eigenart kommt, die sein ist, aber die es doch ohne die andern niemals selbst erreicht hätte, so daß also jedes der österreichischen Völker in Österreich, an Österreich, durch Österreich selber mehr wird, als es, auf sich angewiesen, aus sich geworden wäre, ja je hätte werden können. Österreich ist in Europa der erste große Versuch oder Entwurf, ein bisher noch nicht ganz gelungener, ein vielleicht eben jetzt erst gelingender Versuch einer Organisation von Völkern in Freiheit, einer Ordnung des Vielfältigen zur Eintracht, eines neuen Staates aus alten Staaten, deren Persönlichkeit, Eigenart, Vorgeschichte, Richtung und Willenskraft in ihm nicht nur nicht verlischt, sondern sich gerade durch ihn, an ihm erst erfüllt. Ein solcher Entwurf, ein solcher Versuch, Ungleiches auszugleichen, Ungefüges einzufügen, Widerstrebendes anzupassen braucht natürlich mehr Zeit als der Nationalstaat, der sich schon durch seine Denkbequemlichkeit empfiehlt und nirgends erst einen Widerstand abzubiegen hat. Dem Nationalstaat wird sein Material fertig geliefert, die

Bausteine sind zubehauen, er findet die Nation schon vor: sobald sie sich nur ihre Form gibt, erscheint er von selbst und läuft von selbst. In Nationalstaaten decken sich Nation und Staat, während der Völkerstaat ja seine schon geformten Nationen nun erst noch in eine höhere Form umzugießen hat, wobei denn ein harter Klang, ein leises Klaffen, ein Hiatus nicht immer ganz zu vermeiden sein wird. Auch das Deutsche Reich weiß das aus eigener Erfahrung, das ja auch kein reiner Nationalstaat ist, zu seinem Glück, wie sich jetzt zeigen wird. Die letzten fünfzig Jahre hat freilich der Nationalstaat mit seinem so handlichen, einfachen und geläufigen Schema die Völker betört. Bis ein Völkerstaat, der ja so viele Brüche zunächst erst einmal auf einen gemeinsamen Nenner bringen muß, abgerechnet hat, ächzt und stöhnt und stockt er oft, er setzt sich schwer in Bewegung, die Maschinerie des Nationalstaates geht gleich glatt. Ist aber der Völkerstaat so weit, daß seine vielen Stimmen endlich einstimmen, gegen den Orgelton dieser brausenden Fuge, wie klingt da der Nationalstaat mit seiner einen Saite matt und dünn und schal! Ein mechanisch gesinntes Zeitalter, dem es auch im Politischen an allem Sinn fürs Organische gebrach, hatte nur freilich dafür kein Ohr, es fand Österreich wider seinen Sinn, es sprach ihm vor der Vernunft die Berechtigung ab, da zu sein; Österreich konnte darauf nicht anders antworten, als indem es da war und da blieb. Jetzt aber kommt ihm die Wirklichkeit zu Hilfe, die Wirklichkeit gibt ihm recht, die Wirklichkeit beglaubigt es gegen die Doktrin, denn jetzt, in diesem Augenblick, den wir jetzt erleben, scheint es immer mehr, daß sich die Wirklichkeit, unsre nächste Wirklichkeit auf die nächsten hundert Jahre, für den Völkerstaat entscheiden will. Wie dieser Krieg uns überall umzulernen zwingt, zeigt er uns nun auch Staat und Nation in einem ganz neuen Verhältnisse: der Staatsbegriff überwächst das Nationalgefühl, der Staat tritt vor, die Nation zurück. Allen Völkern ist ihr Staat in diesem Kriege wichtiger geworden, als er ihnen vor diesem Kriege war; und um ebensoviel als der Staatsgedanke wuchs, schwand das Nationalgefühl. Der Krieg hat alle Völker plötzlich vor Aufgaben, Entscheidungen, Pläne gestellt, für die sie mit der bloßen nationalen Empfindung nicht mehr auskommen. Liszt sagt: „Eine der folgenschwersten Tatsachen, die uns der Krieg enthüllt hat, ist der Sieg des Staatsgedankens über das Nationalitätsprinzip." Man darf vielleicht noch mehr sagen, nämlich: Dieser Krieg stellt allen und stellt besonders uns, stellt dem Deutschen Reiche, dem mit Deutschland verbündeten Europa, dem Deutschtum in der Welt Bedingungen, für die nicht bloß das Nationalitätsprinzip, der alte Nationalstaat längst nicht mehr reicht, sondern dieser Krieg hat den Staatsgedanken so weit gedehnt, so hoch gespannt, daß ihm jetzt schon auch der bisherige Völkerstaat nicht mehr genügen kann, daß er einen noch größeren Raum für sich braucht und eine noch biegsamere Form, daß er etwas wie einen neuen Völkerbundesstaat verlangt, gleichsam eine Auferstehung der alten Christenheit des Mittelalters, in ungeheuren Maßen. Denn wir kommen mit allen unsern politischen Denkgewohnheiten ja nicht mehr aus, wir kommen der eilenden Wirklichkeit nicht mehr nach, der österreichische

Abgeordnete Renner hat recht: „Der Staat ist zu klein, die Welt teilt sich in wenige große Gruppen, man muß in Erdteilen denken!" Schon ringt sich aus den blutigen Dämpfen des Schlachtgewühls, noch umwölkt, eine neue Gestalt empor, eine lichte Welt gemeinsamer Arbeit, ein waffenstarker, friedensfroher, das Deutsche Reich, Österreich-Ungarn, den Balkan, die Türkei, Persien und China von Meer zu Meer geistig, sittlich und wirtschaftlich in denselben, in einen ihnen allen gemeinsamen Willen zusammenfassender Werkbund. Betroffen blickt der Österreicher zu dieser neuen Gestalt auf, denn sie trägt ihm wohlbekannte, seinem Herzen teuere, seinem alten Vaterlande tiefverwandte Züge. Hat Habsburg nicht immer schon in Erdteilen gedacht? Ist diese neue Form, die zum gemeinsamen Werk so vieler Völker jetzt notwendig sein wird, diese lebendigere, reichere, ebweglichere Form, diese Form der Fülle, der Entfaltung, der Vieleinigkeit nicht in unserm alten Österreich immer schon leise, wenn auch noch bange, vorgefühlt worden? Ist nicht unser altes Österreich schon ihre Verheißung, ihr freilich noch ungewisses, gespenstisch schwankendes, zaghaft ahnungsvolles Vorbild im kleinen gewesen, wird nicht das jetzt erstehende neue Reich der Mitte, dieser federnde Kreis zwischen dem starren Osten und einem exzentrischen Westen, ja doch eigentlich bloß Österreichs gereinigtes, erwachsenes, stark versichertes Abbild im großen sein? Und so hätten wir Österreicher dann, während wir seitab in aller Stille nur unser eigenes Haus zu bestellen meinten, damit einen weltgeschichtlichen Beruf erfüllt, indem wir das Modell des neuen Europa schufen, und hätten, wenn das nicht ohne manche Torheit geschah, den Trost, daß sie dafür hoffentlich der deutschen Welt erspart bleiben wird. Unsere österreichische Geschichte ist ein Anschauungsunterricht im deutschen Umgang mit andern Völkern, aus dem, an unsern Fehlern und unsern Erfolgen, der Weltdeutsche der Zukunft, dieser Österreicher im großen Format, lernen mag, jene zu vermeiden, diese zu benützen. Es wäre ein Augenblick, wie wir noch keinen größeren erlebt haben. Sein Vorgefühl beglückt jeden Österreicher. Gar aber den deutschen Österreicher stellt es recht eigentlich erst wieder her, er kann jetzt wieder an sein Vaterland glauben.

Der österreichische Deutsche wußte ja nicht mehr aus und ein mit sich, er kam sich ausgesetzt vor. Um das recht zu verstehen, muß man als kleiner Bub 1866 erlebt und in der Seele noch den finsteren Ingrimm haben, mit dem sich unsre Väter in ihr Schicksal ergaben, in das Ende. Wir sind auf einem Grab aufgewachsen. Die Väter hatten an ein Deutschland geglaubt, das wir Österreicher einen und lenken sollten. Jetzt lag Österreich geschlagen. Und dann wurde Deutschland eins, aber ohne Österreich. Ihr Traum war erfüllt, aber ohne sie, ja gegen sie. Deutschland war da, aber Österreich war nicht mehr dabei. Wo war es denn noch? Was war es? Und was sollten sie noch? Ihnen blieb das Nachsehen, allenfalls das Zusehen, Österreich war der Zuschauer Europas geworden. In dieser Stimmung wuchs das jetzt wirkende Geschlecht auf, und es ist kein Wunder, wenn wir Ästheten wurden, Dilettanten, Kostgänger aller geistigen Moden. Was denn sonst hätten wir werden sollen? Rings um uns war ja nichts mehr; es konnte, wenn wir überhaupt noch etwas ernst nehmen wollten, nur das Spiel sein. Aber leicht ist uns unser holder Leichtsinn nicht geworden, und man wird vielleicht später einmal erst merken, wieviel Schwermut in ihm steckt. Unsre berühmte österreichische Oberflächlichkeit ist tiefer, als man meint. Wem aber unter den jungen deutschen Österreichern der Sinn höher stand, wer sich nicht ins neugierige Zusehen, in den schönen Schein, in die Lust am bloßen Spiel fand, wem das Herz nach Taten schlug, was sollte der, wohin mit seiner Kraft? Vor dem Tore lag das Land der Tat, uns aber versperrt. Da wurde manchem bang, da wurde mancher an sich irr und verlor sich an arge Gedanken. Und nur Bismarck hat uns damals unablässig immer wieder an Österreich gemahnt. Bismarck hat uns immer wieder vor dem jämmerlichen Wahn gewarnt, als ob einer dadurch, daß er ein schlechter Österreicher würde, ein guter Deutscher wäre. Bismarck hat uns immer wieder heimgeschickt. Denn Bismarck, der Wahrseher, wußte, daß Deutschland nicht die deutschen Österreicher, sondern ein starkes Österreich braucht, daß ein starkes, wehrhaftes, die Kräfte seiner sämtlichen Nationen darbringendes, aufrechtes, selbstbewußtes, tatbereites Österreich eine Notwendigkeit für das Deutsche Reich ist. Bismarck wußte das und sagte das jedem, besonders deutlich aber, bis zur Grobheit deutlich oft, wenn's einer aus dem Fähnlein deutscher Irredentisten war, die es damals in Österreich gab — man kann das heute ja ruhig gestehen, es schadet keinem mehr, die meisten sind längst Exzellenzen. Und wenn sie jetzt der vergangenen Zeiten gedenken, erschrecken sie wohl selber vor sich, bereuen tief und danken aus ihrem deutschen Herzen dem allmächtigen Gott, der ihnen ihren verräterischen Wunsch unerfüllt ließ. Wäre er damals erfüllt und das deutsche Österreich zum Deutschen Reich geschlagen worden, was hätte das Reich jetzt davon? Ein paar Millionen Einwohner mehr und kaum hunderttausend Quadratkilometer mehr, aber keinen einzigen Freund in der Welt. Es stünde dann jetzt allein in der Welt. Und es war aber doch gut, daß es von Anfang an in diesem Kriege nicht allein stand! Und dieser ganze Krieg geht doch im Grunde nur eben darum, daß Deutschland nicht abseits, auf sich selbst zurückgewiesen, in sich eingekreist, allein stehen will, sondern inmitten einer mit ihm wirkenden, von ihm geordneten, ihm zu gemeinsamer Arbeit verbundenen Welt. In einem sehr hohen Sinne hat Deutschland vielleicht wirklich „schuld" an diesem Krieg, anders freilich als seine Feinde meinen. Denn dieses Krieges tiefster Anlaß war vielleicht, daß Deutschland nicht mehr allein bleiben will, nicht mehr allein bleiben kann in der Welt, daß es seinem Drang, das deutsche Wesen in die Welt zu strecken, gehorchen muß, diesem gewaltigsten Drang der deutschen Seele nach Allvereinigung, nach Totalität, nach einer ungeheuren, alle Pole verbindenden, alle Widersprüche beherrschenden, alle Welten überbrückenden, Millionen umschlingenden, alles Leben bejahenden Synthese, und daß es eben dadurch alle verneinenden Geister, alle Triebe der Unrast, alle auf Trennung, Entzweiung, Vereinzelung zielenden Kräfte zu einem letzten furchtbaren Widerstand zwang. Vielleicht ist dieser Krieg doch nur der

Krieg um Europa, um den ewigen Frieden, um die Vereinigten Staaten Europas, die Denker und Dichter lange schon träumten und die vielleicht doch nur der deutsche Geist uns bringen kann, weil vielleicht nur er tief, aber auch weit genug, gewaltig, aber auch empfänglich genug, ausgreifend, aber auch einfühlend genug ist und vielleicht nur er Raum für alle hat, Raum für die ganze Menschheit Europas, Raum und Luft und Licht, denn diese Menschheit verlangt, unter einem Starken in seinem Schutz ihr eigener Herr und frei und froh zu sein, wo sonst aber ist ein Volk, das zur Kraft auch noch die Geduld der verstehenden Liebe hätte? Die hat der deutsche Geist (den freilich nicht viele Deutsche haben, darauf kommt's aber auch gar nicht an, nicht auf die Zahl, in der er erscheint, sondern auf den Grad, den der Geist an manchen Deutschen, an einem in hundert Jahren, erreichen kann), er holt sie sich aus einer seiner Grundeigenschaften, aus der Sachlichkeit. Sachlich sein heißt zur Anerkennung der Welt gewillt sein. Sachlich ist, wer eine Sache um ihretwillen betreibt, nicht um seinetwillen. Um sachlich zu sein muß einer zuvor sich selbst und seinen Eigensinn überwunden haben, er muß vermögen, außer sich zu sein: Sachlichkeit ist schon Liebe. Sachlichkeit behandelt eine Sache nicht als ein bloßes Mittel, sondern als ihren eigenen Zweck. Daher die deutsche Zärtlichkeit fürs Kleine, für jeden zitternden Grashalm, für jeden verirrten Sonnenstrahl, die Dürer-Andacht im Detail, der ganze Pietismus, der im Grunde nichts als Sachlichkeit im Glauben ist. Daher aber auch der deutsche Zug ins Universale: Dem Deutschen, dem jedes Blümelein von

Herzen recht ist, muß es auch die ganze Welt sein, er sagt zu allem ja. Und nur dem, der ja sagt, eröffnen sich die Dinge. Von Novalis stammt ein geheimnisvolles Wort: „Deutschland ist Rom, als Land... die instinktartige Universalpolitik der Römer liegt auch im deutschen Volke." Sein Instinkt sagt dem Deutschen nämlich, daß er der Welt etwas bringen kann, was sie braucht und was nur er hat: das deutsche Verhältnis zum Problem von Ideal und Wirklichkeit. Dazu steht das deutsche Volk von Grund aus anders als alle andern Völker Europas: ihnen enthält es ein Entweder-Oder, ihm ein Sowohl-als-Auch. Der Franzose tut immer entweder der Wirklichkeit durch das Ideal Gewalt an, oder er gibt das Ideal für die Wirklichkeit preis, er ist Jakobiner oder Impressionist. Der Engländer scheidet die beiden und weist jedem seinen eigenen Raum an; er hat ein Ideal, macht aber in Wirklichkeit keinen Gebrauch davon; er trägt es nur Sonntags. Aber der Deutsche wählt nicht zwischen Ideal und Wirklichkeit, er will beide und will sie zugleich. Wo die andern einen Widerspruch empfinden, dessen sie sich entledigen oder über den sie sich täuschen, den sie zerhauen oder vertuschen wollen, eben da findet der Deutsche die Aufgabe, den Inhalt seines Lebens. Mit dem Blick zum Himmel steht er auf Erden fest, beide verlangend, und nie fühlt er sich glücklicher, als wo sie sich berühren, wenn der Geist Erscheinung oder Erscheinung zu Geist wird, wenn die Seele zu Sinnen kommt oder Sinnlichkeit auf die Seele horcht, wenn sie sich ineinander ergießen, weshalb auch Musik die wahre Kunst des Deutschen ist und alle deutsche Kunst, mit welchen Mitteln immer, unwillkürlich stets immer Musik zu werden verlangt. Das am reinsten deutsche Leben ist noch immer das Goethes, der, wie er in jenem berühmten ersten Gespräch mit Schiller gesagt hat, Ideen hatte, ohne es zu wissen, ja sie sogar mit Augen sah: er hat das Ideal unwillkürlich immer gleich verwirklichen müssen, wie er umgekehrt ebenso wieder unfähig war, die Wirklichkeit auch nur leise zu berühren, ohne sie gleich unwillkürlich immer idealisieren zu müssen. Darin glich ihm Bismarck, dessen Kraft nicht darin war, daß er Realpolitik, sondern daß er Realpolitik mit Ideen trieb. Realpolitik trieben andre vor ihm und mit ihm auch, und wieder andre hatten Ideen, ja die in der Paulskirche mehr als er, deutsch aber ist es, Ideen an der Wirklichkeit zu haben und die Wirklichkeit zur Idee zu bringen. Deutsch ist es, vom Ideal zu fordern, daß es den Anblick der Wirklichkeit erträgt, und von der Wirklichkeit, daß sie dem Ideal standhält: der Deutsche muß Aug in Aug mit beiden leben können. Und weil sich nun zeigt, daß jedes andre Verhältnis von Ideal und Wirklichkeit versagt und der Menschheit Europas, die sich der Erde freuen und doch aber auch auf den Himmel nicht verzichten will, schließlich keine innere Form des Lebens so gut taugt wie diese deutsche, wird nichts übrig bleiben, als daß der Deutsche das neue Europa schafft, ein himmelauf blickendes, erdenfest ruhendes, in Gott weltfreudig tatenstarkes Europa gemeinsamer Arbeit in Freiheit und Frieden, jene „Harmonie des Vielen in der Einheit", die der heilige Augustinus verkündigt hat.

Träume von Dichtern und Denkern gehen immer in Erfüllung, meistens aber so, wie sie sich kein Dichter und

Denker träumen ließ, und meistens durch ein Werkzeug, das sich auch davon nichts hätte träumen lassen. Die für das einige Deutschland schwärmten, dachten dabei nicht an Preußen, und lange hat sich Preußen eher dagegen gewehrt, bis dann doch der Wille des Lenkers durch Preußen geschehen mußte. Die vor dem Krieg auf ein einiges Europa hofften, haben der stillen Macht friedlicher Verständigung vertraut, aber niemals, daß es in Wettersturm aus Schlachtendampf bluttriefend sein Haupt erheben wird. Aus tiefer eigener Not hat Preußen Deutschland geeint, weil ihm nichts anderes übrigblieb. Und was bleibt uns denn, wenn wir bestehen sollen, jetzt andres übrig in dieser starrenden Not, als mit dem deutschen Hammer ein einiges Europa zu schmieden? Wir haben es nicht gewollt, wir müssen es nur. Jetzt sind wir schon zu weit in die Zukunft getrieben worden, als daß wir noch wieder zurück könnten, in unser altes trautes Deutschland von einst zurück. Jetzt bleibt uns nur: vorwärts! Jetzt müssen wir schon in die Welt. Wir haben es nicht gewollt, aber was wir müssen, werden wir wagen. Wir werden wagen müssen, von Grund aus deutsch zu sein und deutsch zu tun. Wir werden die Welt deutsch verwesen müssen. Deutsch sein heißt sachlich sein. Deutsch tun heißt jede Sache um ihretwillen tun, als ihren eigenen Zweck tun. Deutsch ist die Welt erst, in der jedes Volk an seinem Platze steht, seine Sendung kennt und aus eigener Kraft sich selber recht tut. Jeder Mensch, hat Lagarde gesagt, ist ein Gedanke Gottes, und Gott hat nicht die Gewohnheit, denselben Gedanken zweimal zu denken. Das ist dem Deutschen tief aus dem Herzen gesprochen. Und wie jeder Mensch, ist auch jedes Volk ein Gedanke Gottes. Wer es vergewaltigt, ist ein Mörder an Gottes Plan. Die deutsche Welt kann nur eine Welt der Ordnung von freien, ihr eingeborenes Gesetz erfüllenden, sich selbst nach ihren angestammten Rechten ans Ziel ihrer Eigenart führenden Völkern sein. Als eine solche Welt ist Österreich entstanden, als Ferdinand I. 1526 erst zum König von Böhmen, dann zum König von Ungarn erwählt und so das alte Habsburger Erbland mit Böhmen und Ungarn frei vereint wurde. Seinem Wesen nach, wenn auch nicht immer in seinen Wirkungen, ist Österreich seit je, was jetzt die deutsche Welt sein wird: unter einem Willen eine Genossenschaft in unversehrter Eigenart auf Tod und Leben aus freier Entschließung verbundener Völker, die so jedes erst ganz zu sich selbst kommen.

Das österreichische Wunder

Von allen Überraschungen, die uns dieser Krieg gebracht hat, ist die größte, daß Österreich, so oft totgesagt, noch lebt, und lebendiger als je. Von allen Redensarten vor dem Krieg war nämlich die dümmste die von Österreichs Zerfall. Es galt ja für ausgemacht, daß die Nationen Österreichs auseinander wollen und eigentlich nur noch von außen zusammengehalten werden, nur durch die Furcht der Nachbarn, sich über die Teilung Österreichs dann nicht einigen zu können. So las man's in dicken Büchern, es gab Landkarten, auf denen Österreich schon aufgeteilt war, und einer sprach's gedankenlos dem andern so lange nach, bis es am Ende fast auch die Österreicher schon selber glaubten. Und jetzt? Welch ein andres Bild! Ganz Österreich eins, desselben Willens, derselben Bereitschaft, desselben Opfermuts, Deutsche, Slawen und Ungarn Brüder, kein Zwist mehr, Eintracht überall, Österreich ist wieder da! Ein Wunder scheint's. Wer hätte das gedacht? Aber wenn man Österreich kennte, dieses unbekannte Land, diesen unentdeckten Erdteil, für den sich noch kein Sven Hedin gefunden hat, hätte man das vorauswissen müssen. Denn wenn es ein Wunder ist, ist es ja nur das Wunder, das sich noch immer wieder ereignet hat, so oft Österreich in Gefahr und Not war, es ist nichts als das uralte österreichische Wunder.

Als ich ein Knabe war, sah man in österreichischen Häusern oft einen alten Stich: eine hohe stattliche Frau, schwarz gekleidet, tiefen Ernst in den edlen Zügen, rings aber um sie wildbärtige Männer, in bunter Tracht, das Schwert gezückt, um die geliebte Königin zu schirmen — Maria Theresia zu Preßburg, 1741; und darunter stand der Schwur der Magnaten zu lesen: Vitam et sanguinem pro Majestate vestra, moriamur pro rege nostro!

Als ich ein Knabe war, fiel mir daran nichts auf: das Vaterland ist bedroht, der König ruft, das Volk gehorcht — es schien mir die allernatürlichste Begebenheit der Welt. Als ich aber später dann mit unsrer Geschichte, mit unsern Nationen, gar mit den Ungarn besser bekannt wurde, fing ich mich immer mehr zu wundern an, und schließlich schien es mir die allerunnatürlichste Begebenheit. Denn bedenken Sie nur den Augenblick: der letzte Habsburger tot, das Haus im Mannesstamm erloschen; eine junge Frau regiert, wie sie selbst so rührend erzählt hat: ohne Geld, ohne Truppen und ohne Rat; und das nützen die andern, Frankreich, Spanien, Bayern, Sachsen, Preußen aus, Friedrich der Große steht schon in Schlesien, Karl Albert ist zum König von Böhmen ausgerufen, Oberösterreich erobert, der Weg nach Wien frei, der Hof flieht. Und wohin? Der Hof flieht zu den Ungarn, es klingt unglaublich: eben den unbotmäßigen, immer aufrührerischen, ewig aufständischen, nie ganz unterworfenen, ihr Recht auf Insurrektion behauptenden, wider Österreich und Habsburg gesinnten Ungarn, die eben noch, es ist kaum ein Menschenalter her, zu Onod, auf Rakoczys Antrag, ihres geliebten, heute noch im Liede fortlebenden Helden, dem Hause Österreich für immer den Gehorsam gekündigt und Habsburg des ungarischen Thrones verlustig erklärt haben. Zu diesen Ungarn geht die junge Königin aus diesem verhaßten Hause Österreich in ihrer letzten Not, und diese Ungarn, deren ganze Geschichte nur ein einziges Los von Österreich ist (so heißts doch immer!), verleugnen diese Geschichte, ziehen das Schwert für Habsburg, retten Österreich. Die Szene mag später aufgeputzt und ausgeschmückt worden sein, aber wieviel man von ihr auch kritisch abziehen mag, das eine bleibt, daß in einem Augenblick, wo Ungarn Habsburg verderben konnte, Ungarn für Habsburg einstand. Warum? Aus einer Aufwallung von Ritterlichkeit? Die Ungarn sind ritterlich, aber niemals auf ihre Kosten. Es sieht ihnen gleich, sich an der eigenen schönen Geste zu berauschen, es sieht ihnen gar nicht gleich, ihren Vorteil je zu vergessen. Und selbst wenn man sich den Preßburger Schwur aus einem Anfall von Edelmut erklärt, der einer so raschen, entzündlichen, gern in malerischen Gefühlen schwelgenden Nation immerhin zuzutrauen wäre, wie will man es aber erklären, daß schon einmal, neunundzwanzig Jahre früher, auch in einem Augenblick der Gefahr für Österreich, wo die Ungarn nur zuzugreifen hatten, um Österreich los zu sein, daß auch damals die Ungarn, statt das Band zu zerreißen, es nur desto fester zogen, und damals nicht in irgendeiner aufflackernden Begeisterung, ohne große Szene, ganz untheatralisch, in ruhiger Beratung, nach reiflicher Überlegung, durch wohlerwogenen Beschluß und freien Willens? Ohne männlichen Nachkommen, mußte Karl VI. daran denken, das Reich unter den Töchtern aufzuteilen, zugleich aber auch einer jeden ihren Teil zu sichern; die Länder sollten also der Teilung zustimmen. Der Agramer Landtag, zunächst befragt, entschied sich für den „Herrscher, der in Wien residiert", bereit, auch ferner dem ungarischen König zu gehorchen, aber nur, „solange er ein Österreicher ist und sein wird". Zu dieser Agramer Entscheidung sollten nun die Ungarn sich vernehmen lassen, er wurde der Palatinalkonferenz vorgelegt. Und siehe, die Ungarn empfahlen dem Kaiser, das Reich nicht zu teilen, sondern unter den Töchtern eine zur Erbin auszuwählen. Ja, sie rieten das dem Kaiser nicht bloß an, sie bedangen es sich aus, daß die Erblande sich durch Vertrag verpflichten sollten, beisammen zu bleiben, von dieser einen Erbin regiert. Unter dieser Bedingung seien sie bereit, auf die Königswahl zu verzichten, unter dieser Bedingung werde der ungarische Landtag die weibliche Erbschaft anerkennen und den Gemahl der Thronerbin zum König krönen. Also: die Ungarn, statt die Gelegenheit zu benützen, um von Österreich loszukommen, willigen ein, sich an Österreich anzuschließen, ja noch mehr, sie sind es, die verlangen, daß Österreich nicht geteilt, nein, daß, was bisher bloß äußerlich, bloß durch die Person des Regenten verbunden war, fortan durch förmlichen Vertrag, durch ein Bündnis zwischen den Erblanden auch innerlich, auch real eins, daß aus einem Aggregat von eroberten, erworbenen und erheirateten Grundstücken ein Reich, die Monarchie wird. Die Ungarn sind's, die die Pragmatische Sanktion nicht bloß ermöglicht, die die pragmatische Sanktion gefordert und dadurch, was vorher vielleicht im stillen ein frommer Wunsch des Kaisers war, den auszuführen er aber niemals hoffen konnte, erst verwirklicht haben, die Ungarn, die sie hätten verhindern können und, wenn sie ihrem alten Haß nicht untreu wurden, verhindern hätten müssen! So paradox es klingt: das heutige Österreich, das ja durch die Pragmatische Sanktion erst entstand, haben die Ungarn geschaffen, noch bei Lebzeiten ihres geliebten, bis auf den heutigen Tag besungenen Rakoczy. Es scheint unbegreiflich: durch Jahrhunderte drängt ein Volk mit Leidenschaft unter Opfern an Gut und Blut auf ein einziges Ziel hin, um an diesem Ziele kehrtzumachen: in einem Augenblick, wo alles erreicht, der schönste Traum erfüllt scheint, verleugnet, vernichtet ein Volk aus freiem Willen, bei ruhiger Überlegung, den Geist von Jahrhunderten. Es scheint unbegreiflich, unerklärlich.

Aber aus solchen Unbegreiflichkeiten, Unerklärlichkeiten besteht Österreichs Geschichte. Denn bei allen Völkern Österreichs kehrt dieser Augenblick einer tiefsten Selbstverleugnung, die doch aber im Grunde nur eine tiefste Selbstbesinnung ist, immer wieder, der Augenblick, in dem das Volk alles, wofür allein es bisher zu leben schien, freudig zum Opfer bringt für Österreich, eben das Österreich, dem es immer mißtraut, gegen das es sich immer gewehrt hat. In solchen Augenblicken haben die Völker Österreichs gleichsam das zweite Gesicht: sie sehen ins Verborgene, erblicken ihr Geheimnis und erkennen, daß ihnen dieses Österreich, das sie so oft national zu bedrohen scheint, unentbehrlich, ja daß es die Bedingung ihrer nationalen Existenz ist. Aber ist der Augenblick der Gefahr um, dann vergessen sie das wieder.

Es gab eine Zeit, wo auch die Deutschen Österreichs es vergessen hatten. Meine Generation, wir, die jetzt um die Fünfzig sind, wir wuchsen in Vergessenheit Österreichs auf. Denn unsern Vätern war Österreich abhanden gekommen. Sie hatten an Österreichs deutschen Beruf geglaubt. Nun war Österreich aus Deutschland geworfen. Deutschland, ihr Jugendtraum, ging in Erfüllung, aber ohne sie, ja gegen sie. Was sollten sie da noch auf der Welt? Aus Großdeutschen waren sie über Nacht Kleinösterreicher geworden. Es war nirgends mehr ein Platz für sie. Ihr Leben hatte keinen Sinn mehr, sie konnten an nichts mehr glauben. Und täglich hörten wir von ihnen: Österreich hat vertan! Wir aber waren jung und fühlten Kraft. Und unsre junge Kraft suchte. In Österreich fand sie nichts, aber sie fand Deutschland. Dort war der alte Kaiser und Bismarck und Moltke. Und dort war die deutsche Musik. Daheim hatten wir nichts, wovon wir hätten leben können, aber von Bismarck, Moltke, Wagner konnten wir leben. So kam es, daß wir auf einmal Irredentisten waren.

Als 1883 Richard Wagner starb, hielt die Wiener Studentenschaft einen Trauerkommers; ich, noch nicht zwanzig Jahre alt, war der Redner. Ich weiß von meiner Rede nur noch, daß sie wirksam war. Sie wirkte so stark, daß ich schon vierzehn Tage später relegiert war. Ich ging nach Berlin. Dort aber fing der Irredentist allmählich bald nachzulassen an, zunächst ganz im stillen. Es regte sich anders in mir. Je mehr ich Deutschland lieb gewann, desto herzlicher besann ich mich jetzt auf Österreich, und auf einmal vertrugen sich die beiden sehr gut in mir. Doch behielt ich das Vokabular des Irredentisten noch einige Zeit bei, wie man ja gern noch lange dieselben lieb gewordenen Worte für Gedanken, die sich unterdessen längst erneut haben, aus alter Gewohnheit zu gebrauchen noch einige Zeit fortfährt. Dann kam der siebzigste Geburtstag Bismarcks. Da wurde mir eine Adresse geschickt, die ich ihm im Namen der deutschen Studentenschaft Österreichs überreichen sollte. Sie war kräftig abgefaßt, unsre Hoffnungen, Wünsche und Weltverbesserungen keineswegs verhehlend. Ich freute mich sehr und malte mir schon den großen Augenblick aus, wo der Fürst von mir die Deutschen Österreichs in Empfang nehmen sollte. Es zeigte sich aber, daß das doch schwieriger war, als ich dachte. Ich wurde nämlich gar nicht vorgelassen, sondern man nahm mir die Adresse höflich ab, und es blieb mir nichts übrig, als mich wieder fortzutrollen, nicht ohne standhaft darauf gedrungen zu haben, daß ich sobald als möglich verständigt sein wollte, wann der Kanzler Zeit hätte, mich anzuhören. Und ich wurde richtig nach einigen Tagen ins Palais beschieden, und der Fürst dankte mir, wenn auch nicht in Person, so doch durch seinen Rat von Rottenburg, der mich aber recht enttäuschte. Bismarck freue sich, hörte ich von ihm, uns so gut deutsch gesinnt zu wissen, was wir aber nun nicht besser beweisen könnten, als wenn wir unsre ganze Kraft einsetzten, Österreich stark zu machen. Deutschland rechne auf uns, es brauche uns, aber in Österreich. Ein mächtiges Österreich sei Deutschland unentbehrlich. Ich war mit blanken Worten wohl bewaffnet gekommen, nun saß ich still und stumm. Der Rat mochte Mitleid mit mir haben, als ich endlich kleinlaut erwiderte, daß uns damit doch ein großes Opfer zugemutet würde. Er sah mich lächelnd an und fragte: „Ob Sie nicht aber alle noch ein viel größeres Opfer bringen müßten, um in das Deutsche Reich aufgenommen zu werden?" Ich verstand gar nicht gleich, was er meinen könnte. Er versicherte mir, wir seien in Deutschland wohlgelitten, und fuhr fort, uns an Begabung und Gesinnung laut zu rühmen. Wir seien Deutsche von einer ganz prächtigen Eigenart, die wir aber doch, um uns in das Deutsche Reich, wie es nun einmal geworden, ohne Störung einzufügen, erheblich abändern müßten. Ob ich mir das eigentlich schon einmal überlegt hätte? Ob wir das überhaupt könnten? Und ob, wenn wir es könnten, nicht doch schade darum wäre? Welchen Vorteil das deutsche Wesen denn hätte, wenn unsre Spielart daraus verschwände? Wie denn der Verlust unsrer österreichischen Eigenheit, die sich an uns im Leben mit den andern Völkern entwickelt hätte und nur durch das Leben mit diesen erhalten werden könnte, dem Deutschtum ersetzt werden sollte? Und indem er mir empfahl, dies einmal mit meinen Freunden zu bedenken und zu beherzigen, entließ er den betretenen Jüngling. Es ging mir lange nach, und allerlei, was ich mir bisher niemals hatte eingestehen wollen, trat jetzt auf einmal ungestüm in mir hervor. Ich war ja zunächst vehement auf Berlin losgestürzt, fest entschlossen, alles zu bewundern, und hätte mir eher die Zunge abgebissen, bevor ich zugab, wie fremd, blutsfremd und seelenfremd es mir doch eigentlich immer noch blieb: ich wurde mit dem Verstande sein, im Herzen behielt ich meine Mundart. Doch erst jetzt, im Gewühl der streitenden Empfindungen nach jenem unverhofften Gespräch, schoß es, lange verhalten, plötzlich erbrochen, heiß aus mir empor, daß ich ja durchaus ein andrer war als alle hier, so gut deutsch wie sie, doch anders deutsch, und daß mir gerade das an mir, wodurch ich mich als einen andern, ganz andern empfand, über alles teuer war, nicht bloß um meiner selbst, sondern um des Deutschtums willen, und daß, wenn der Österreicher mit seiner südlich gebräunten, slawisch erregten Sonderart verloren ginge, das deutsche Wesen dadurch verarmte! Und ich weiß noch, wie mir in meiner schmerzlichen und doch so seligen Verworrenheit damals plötzlich die Stadt einfiel, in der ich aufgewachsen bin, das urdeutsche Salzburg, eine ganz italienische Stadt, in der Gotisches mit Barockem sich so verwachsen, so durchdrungen, so rein eingeschmolzen hat, daß sie durchaus beides auf einmal ist und von keinem mehr lassen könnte, ohne sich selbst und beides (nicht bloß das, wovon sie lassen wollte, sondern damit auch das andere) zu zerreißen, recht ein Symbol Österreichs. In jener Stunde ist in mir aus meinem deutschesten Gefühl durch reinste Selbstbesinnung der Österreicher geboren worden, zum siebzigsten Geburtstag Bismarcks.

Ich weiß nicht, ob sich je ein tschechischer Student einem russischen Bismarck angeboten hat, aber der müßte ihm dasselbe sagen. Auch die Slawen Österreichs sind, wie seine Deutschen, österreichisch getauft, auch aus ihrer Seele kann das österreichische Mal nicht mehr abgelöscht, aus ihrem Blut die geschichtliche Gemeinschaft mit uns nicht mehr vertilgt werden. Und wie das Deutschtum verarmte, ohne die Farbe der österreichischen Deutschen, so kann auch das Slawentum in seinem Antlitz den österreichischen Zug nicht entbehren. Sie sind es ihrer Nation schuldig, wie wir der unsern, Österreicher zu sein. Auf diesem tiefen Grunde ruht das unerkannte Geheimnis Österreichs: alle 'seine Nationen brauchen es, damit das Wesen einer jeden erst ganz in Erfüllung gehe.

Jede der österreichischen Nationen gerät an die andern, diese drängen auf sie, und sie, in ihrer natürlichen Stoßkraft aufgehalten, drängt wieder, eine fühlt sich von der andern gehemmt, ja fast erdrückt, und je mehr jede dadurch auf sich selbst zurückgewiesen, in sich selbst zurückgeworfen und ihrer selbst um so bewußter wird, desto mehr sieht sie zur selben Zeit ihr Liebstes, der Väter Bräuche, das angestammte Recht, ja die Muttersprache selbst, alles, was ihr das Leben wert macht, von den andern gefährdet, hört es von ihnen verspottet, weiß es in Not, und wer kann ihr verdenken, daß sie sich wehrt? Zur Abwehr Österreichs wird jede Nation Österreichs immer wieder einmal genötigt und vergißt darüber ganz, wieviel von ihrer Eigenart, die sie fortwährend gegen die andern zu verteidigen hat, doch eben im Leben mit diesen andern, im wirtschaftlichen, sittlichen und geistigen Verkehr mit den andern, ja auch im unablässigen Kreige mit den andern überhaupt erst entstanden ist. Gerade die Wachsamkeit, zu der jede der österreichischen Nationen von den andern gezwungen wird, das Mißtrauen gegen die andern, die Furcht vor den andern, Neid, Haß,

Ehrgeiz und Eifersucht holen aus jeder der österreichischen Nationen eine Willenskraft hervor und treiben sie zu Begabungen empor, deren sie, gesichert und unbedroht, für sich allein niemals fähig geworden wäre. Es ergeht ja Völkern nicht anders als einzelnen. Auch den einzelnen macht es ungeduldig, sich durch andre beschränkt zu sehen; er glaubt sich am mächtigsten allein. Aber ist er erst gezwungen worden, sich in Grenzen fügen und den andern anschließen zu lernen, so gewahrt er mit Staunen, welchen Gewinn ihm dieser Verzicht bringt. Es ist das Geheimnis aller Organisation, daß sie, was sie dem einzelnen nimmt, ihm tausendfach zurückgibt. Organisation summiert nicht bloß, durch Organisation werden nicht bloß die einzelnen zusammenaddiert, Organisation ergibt mehr. Und nicht bloß für alle zusammen, sondern auch für jeden in ihr. Jeder ist, organisiert, auch selber mehr, als er allein ist: es wächst ihm selbst an eigener Kraft etwas zu. So wächst in der Organisation von Völkern, die Österreich ist, jedem dieser Völker etwas zu, an Kraft, an Mut, an Seele, so viel, daß es ihm jedes Opfer aufwiegt. Wenn das bedroht wird, dieser innere Zuwachs, dadurch, daß Österreich bedroht ist, in Not und Gefahr erkennt jede der österreichischen Nationen, daß Österreich ihr Leben ist.

Jedes der Völker Österreichs ist an den andern erstarkt, es kann von ihnen nicht mehr lassen, weil es, ihnen entrissen, an sich selber Schaden litte. Ja noch mehr: die österreichischen Völker, deren Grundstock in andern Ländern ist, würden, von Österreich abgelöst, nicht bloß selbst, sondern auch jener Grundstock würde leiden. Denkt man sich den österreichischen Deutschen aus dem Deutschtum weg, so wäre das Deutschtum dadurch ärmer; wer möchte im deutschen Wesen die österreichische Farbe missen? Denkt man sich den Tschechen aus dem Slawentum weg, so verstummt im großen slawischen Chor eine Stimme. Aber was der österreichische Deutsche, was der Tscheche ist, das sind sie doch nur in Österreich, nur durch Österreich geworden, einer am andern. Was sie selber an sich lieben, worauf sie so stolz sind, was ihnen ihr eigenes Wesen erst recht wert macht, gerade das haben sie von Österreich. Österreich ist ein Bedürfnis nicht bloß Europas, das diesen Pufferstaat braucht, es ist ein nationales Bedürfnis jeder seiner Nationen, und nicht bloß für den in Österreich lebenden Teil von ihnen, sondern auch für ihre nationale Hauptmacht selbst. Wenn Österreich in Gefahr ist, wird das auch immer allen seinen Nationen bewußt, und in Gefahr ersteht Österreich immer wieder auf. Aber freilich, sobald sie vorüber ist, vergessen sie das dann allmählich wieder.

Wie wird es nun nach dem Kriege sein? Es wäre ja nicht zum ersten Male, daß Österreich aus glorreichen Augenblicken des höchsten Heldenmutes und einer schier unüberwindlichen Eintracht wieder ins Seelenlose zurücksinkt. Ja fast scheint es Österreichs Schicksal, immer nur in extremis, in den letzten Zügen aufzuleben, kaum aber wieder bei Atem gleich dem alten Elend zu verfallen. Wenn Österreich je von der Kraft, durch die es in Kriegen selbst Feinden Bewunderung abringt, auch endlich einmal im Frieden Gebrauch machen lernte! Woran liegt es, daß diese Kraft, in jeder Gefahr stets wieder da, stets mit der Gefahr wieder verschwindet? Wie kommt es, daß Österreichs Nationen im Kriege jedes Opfer bringen, im Frieden keines? Weil Österreichs Nationen zu jedem Opfer bereit sind für Österreich, aber zu keinem für eine der andern Nationen, und weil, sobald der gemeinsame Feind nicht mehr droht, jede sich wieder von jeder bedroht glaubt und so jede wieder jede verdächtigt, Österreich für sich gegen die andern zu mißbrauchen: denn alles Unrecht, das eine Nation an der andern verübt, geschieht ja immer im Namen Österreichs. Im Kriege, ja, kann jede Nation Opfer bringen, weil da der äußere Feind die andern von ihr auf sich ablenkt, wie sie von den andern. Vom äußeren Feind bedroht, fühlen sich Österreichs Nationen voreinander sicher, und dieses ungewohnte Gefühl nationaler Sicherheit ist's, das sie Wunder tun läßt. Im Frieden aber, wo kein Volk Österreichs weiß, weder welche Rechte noch welche Pflichten es hat, weder was es darf noch was es muß, wo jedes bald durch ungemessene Versprechungen gereizt, bald in den billigsten Hoffnungen enttäuscht, jedem mit allem gewinkt, nichts gehalten wird, wo jedes seinen Anteil an der Macht, seine Stellung im Reich, ja jeden nationalen Atemzug sich täglich erst von neuem wieder erobern, erlisten, erhandeln muß, fühlt sich kein Volk in Österreich seines Lebens sicher. Ein Mensch kann als Herr leben und er kann als Knecht leben, aber kein Mensch kann leben, der nie weiß, ob er Herr oder Knecht ist. Wenn wir auch diesen ungeheuren Augenblick, den größten, den uns seit den Türkenkriegen Gott geschenkt hat, wieder nicht benützen, um endlich alle Nationen Österreichs in ihren nationalen Grundrechten zu sichern, so daß keine mehr immer jeden Tag erst wieder um ihr nacktes Leben betteln muß, wir wären unwürdig, ihn erlebt zu haben! Alle Nationen Österreichs haben in diesem Krieg bewiesen, daß sie Österreich wollen, so kann jede nun fordern, daß auch Österreich sie will. Ihr Recht darf nicht mehr der Willkür der andern preisgegeben, es muß ihr gesetzlich verbürgt sein. Und dies von Österreich selbst, nicht durch irgendeinen Kuhhandel mit den andern; über ihr Recht auf das eigene Leben erst mit andern verhandeln zu müssen, von andern etwa gar darüber abstimmen zu lassen, die bloße Zumutung empfindet ja jede Nation schon als Schmach. Der Kaiser hat sie zum Krieg gerufen, der Kaiser muß ihnen den Frieden geben! Geschieht das, so wären wir auch gleich von dem bisherigen politischen Personal erlöst. Bisher hat man sich ja seinem Volke nicht besser empfehlen können als durch Haß der andern. Gerechtigkeit schien Schwäche, Verständnis für die andern schon Einverständnis mit ihnen, und wer auch nur mit den andern zu verhandeln riet, ein Verräter. Alle nationale Politik bestand in Haß, und es gab ja nur nationale Politik. Diese Politiker werden nicht so schnell umlernen, und selbst wenn sie das könnten, würde man es ihnen nicht glauben, das Mißtrauen ist zu tief. Sie haben vom Unrecht an den Nationen gelebt, und wenn erst keine mehr für ihr Volkstum fürchten muß, hat damit die einzige Politik ein Ende, auf die sie sich verstehen, und eine österreichische Politik wird möglich. In dem ewigen Streit, wer Österreich regieren soll, ist ja schließlich in Österreich überhaupt nicht mehr regiert worden, in dem ewigen Streit, wer Österreich bestimmen soll, ist Österreich ganz unbestimmt geblieben, in dem ewigen Streit, wem Österreich gehören soll, hat es niemand mehr bestellt, weder gut noch schlecht, sondern gar nicht. Da stets dem Volke, das gerade zur Macht zu gelangen schien, sogleich die Macht von den andern wieder bestritten wurde, kam keines dazu, von der Macht je Gebrauch zu machen. Alle wollten sich der Macht bemächtigen; aber sich der Macht dann auch zu bedienen, Macht auch auszuüben, dazu waren sie ohnmächtig. Was man in andern Ländern Politik nennt, werden wir in Österreich erst haben können, wenn die Vorbedingung erfüllt ist, wenn alle österreichischen Völker national gesichert sind, keines sich mehr ein Vorrecht anmaßen darf, aber auch keines mehr ein Unrecht zu fürchten hat und wenn so endlich Österreich, von dem ja gar nicht mehr die Rede war, Österreich selbst erscheinen kann.

Aber dieses Österreich, ein wirkliches Österreich, könnte dann auch Deutschland viel mehr sein, als ihm das alte jemals war. Was hätte Deutschland von einem Österreich, das nur ein abgeschwächtes Duplikat Deutschlands wäre? Es braucht ein mächtiges, vom Vertrauen seiner Völker getragenes, Ungarn und Slawen bindendes Österreich, das deutschen Willens ist. Ob Österreich deutsch spricht, kann Deutschland gleichgültig sein, wenn es dafür nur gewiß ist, daß Österreich deutsch handelt. Bis zu diesem Kriege war ja das deutsch-österreichische Bündnis doch eigentlich immer nur ein Bündnis des Deutschen Reichs mit den österreichischen Deutschen, und also angewiesen auf die höchst fragwürdige Macht der österreichischen Deutschen in Österreich. Erst in diesem Kriege haben sich alle österreichischen Nationen für das deutsch-österreichische Bündnis auch innerlich entschieden, seit diesem Kriege ist es erst in Wahrheit ein Bündnis zwischen den beiden Reichen, aber freilich nur so lange, bis wieder der Verdacht entsteht, das Bündnis wolle den österreichischen Deutschen die andern österreichischen Nationen unterdrücken helfen, ein Verdacht, der niemals erlöschen wird, bevor nicht alle österreichischen Nationen national an Leib und Leben so gesichert sind, daß keine mehr von keiner unterdrückt werden kann. Weder die Ungarn noch unsre Slawen sind ja dem deutschen Wesen feind, sie sind es auch dem Deutschen Reiche nicht, sie wehren sich bloß gegen die österreichischen Deutschen, von denen sie sich bedroht glauben. Man kann es täglich in Prag erleben, wie willkommen den Tschechen Berliner sind, wie verhaßt Wiener. Berlinern antwortet der Schaffner in der Prager Elektrischen willig, auf Wiener Fragen kann er plötzlich nicht mehr Deutsch. Wie wohl hat sich Richard Strauß bei den Tschechen gefühlt! Wie gastlich wird Max Reinhardt jedes Jahr in Budapest begrüßt, wo man Wiener Schauspieler nicht ausstehen mag! Ist den österreichischen Nationen, dadurch daß ihre Grundrechte gesichert sind, nur erst einmal die Furcht ausgetrieben, von den österreichischen Deutschen unterdrückt zu werden, dann können sie sich erst selber eingestehen, wo ihr Platz in Europa ist: an der Seite Deutschlands. In diesem Kriege haben sie das doch alle durch die Tat bekannt. Es muß ihnen nur ermöglicht werden, auch im Frieden unbesorgt deutschen Willens sein zu können!

Österreich

Kaum hat man sich von der Überraschung erholt, daß Österreich, so oft totgesagt, noch lebt, und lebendiger als je, so wird man nun erst recht an ihm irre, denn wenn es jetzt beweist, wie sehr es lebt, warum betrug es sich dann die längste Zeit so tot? Es hat in diesem Krieg eine Kraft gezeigt, die niemand ihm zugetraut hätte, wo war sie sonst, warum macht es von ihr keinen Gebrauch im Frieden? Wenn sich Österreich in der Not auf sich besinnt, hat es Kraft, aber, kaum gerettet, hat es immer die Schwäche, daß es gleich wieder um keinen Preis Österreich sein will.

Im Dezember 1862 sagte Bismarck dem Grafen Karolyi: „Ihr tätet gut, euren Schwerpunkt nach Ofen zu verlegen." Österreich war empört über die Frechheit. Wahrheiten, zur Unzeit ausgesprochen, wirken als schlechte Witze (siehe Bernard Shaw). Bismarck hätte sich aber auf den Turnvater Jahn berufen können, der schon 1810 Österreich riet, der Donau zu folgen, weil es „nur der westliche Teil eines großen Ostreichs" sei, dessen Hauptstadt „nur Belgrad oder Semlin sein kann". Bismarck verstand Österreich besser, als es sich damals selbst verstand, wie Friedrich der Große Österreich besser verstand als Kaiser Joseph. Als Friedrich der Große den Kaiser Joseph verhinderte, Bayern österreichisch zu machen, hatte Friedrich recht, nicht Joseph, recht im höchsten Sinne, recht nicht etwa bloß für Preußen, sondern auch für Österreich, das entstanden ist mit dem Gesicht nach Südosten und das, um nach Nordwesten zu blicken, sich selber erst den Rücken kehren muß. Bismarck hat es wieder in die richtige Stellung gebracht, aus der Verrenkung seines vermeintlichen deutschen Berufes. Bismarck hat 1866 Österreich richtiggestellt, aber freilich nicht, damit es stehen bleibe, sondern damit es wieder richtig gehe, nach Südosten. Die „Herbstzeitlosen" aber, wie er unsre verzagt kleinösterreichischen Liberalen unmutig schalt, ließen es einfach stehen. Und es ist sehr merkwürdig, daß Österreich ja keine Konservativen hat. Konservativ ist, wer eines Reiches ersten Trieb erkennt, den Dämon, der es gezeugt hat, den Stern, der zu seiner Geburt stand. Wodurch ein Reich geworden ist, nur das erhält es auch. „So mußt du sein, dir kannst du nicht entfliehen," das gilt, wie den einzelnen, auch Reichen. Das „Gesetz, wonach du angetreten", beherrscht auch sie; es war nämlich doch ein Irrtum unsrer Liberalen, daß ein Reich in Pension gehen kann. Nach Südosten ist Österreich angetreten, und sein Gesetz bleibt diese Bewegung. „So muß es sein", in seiner Bewegung ist Österreich. Denn Österreich ist der deutsche Drang ins Morgenland. Ein Österreich, das zu drängen aufhört, ist kein Österreich mehr. So wenig als eines, das stromaufwärts strömte. Zu drängen, deutsch zu drängen, aber seinem Strom nach, das ist Österreichs Gesetz. Österreich hat es immer nur auf dem Wege nach seinem zweiten Meer gegeben. „Wir müezen varn nidere," wir müssen abwärts, Österreich bleibt eine Nibelungenfahrt.

Mit Bismarck starb der letzte Deutsche, der Österreich kannte. Seitdem sind wir für die Brüder allenfalls ein Vergnügungsetablissement. Auch bezieht man Komödianten, Schneider und Weiber von uns; darin gelten wir ja für begabt. Ob ein Reich davon leben kann, Komödianten, Schneider und Weiber zu liefern und, wenn wider Erwarten doch noch einmal ein deutscher Krieg kommen sollte, auch Soldaten, darum hat Deutschland nie gefragt. Es hat ja auch um Italien nie gefragt. Wenn wir nur der österreichischen Waffen sicher sind, hieß es, die innern Verhältnisse kümmern uns nichts. Ein Irrtum, den freilich auch Österreich selbst an sich beging. Auch Österreich selbst hat sich um seine innern Verhältnisse nicht gekümmert, sobald es nur wieder seiner Waffen sicher war. Erst dieser Krieg hat uns belehrt, daß auch die Waffen nur eine Äußerung der innern Verhältnisse sind: ein Heer ist so stark, als sein Land gesund ist. Wir müssen also doch gesünder sein, als man in Europa von uns dachte, ja als wir selber wußten. So sind wir nun erst recht ein Problem geworden. Und mancher brave Deutsche nimmt sich deshalb jetzt vor, doch nächstens einmal nach Wien zu fahren. Denn das ist eine beliebte Verwechslung, Österreich sei Wien.

Wer Wien kennt, weiß damit von Österreich noch gar nichts. Von Wien aus kann Österreich nicht verstanden werden. Wer Österreich von Wien aus erblickt, sieht es falsch. Paris oder London mögen das Wesen Frankreichs oder Englands verstehen lehren, denn diese beiden Städte epitomieren ihr Land, das freilich in solcher Verkürzung, Verschneidung, Verrenkung auch oft wunderlich genug aussieht. Aber Wien ist kein Auszug, kein Abriß Österreichs, will und soll gar keiner sein, war es nie und ist, seit es sich auf sich selbst besann, bewußt das Gegenteil geworden: kein Auszug oder Abriß Österreichs, auch kein Portal oder doch ein blindes, ohne Eingang, sondern die repräsentative Schauwand Österreichs.

Österreich war zunächst ein weitläufiges Anwesen von eroberten, erheirateten oder erhandelten Grundstücken, die demselben Herrn zu steuern, sonst aber nichts gemein hatten. Österreich wuchs wild auf, Stück um Stück, lauter Einzelbauten, ohne Plan. Es entstand, wie Burgen entstehen. Burgen entstehen unmittelbar aus dem Bedürfnis, Stück um Stück, jedes durch ein andres Bedürfnis. Jedes Stück hat seinen eigenen Zweck, dem dient es, den erfüllt es, weiter soll es nichts, weiter will es nichts, weiter denkt es nichts. Ein Haus für die Herrschaft und für das Gesinde, später auch für Gastlichkeit und Festlichkeit, daneben ein Stall, daneben ein Speicher, Türme zum Ausblick, Mauern zur Abwehr, lauter Einzelbauten, einer neben dem andern, jeder, wie man ihn gerade braucht, jeder für sich allein, das Haus nichts als Haus, der Stall nichts als Stall, der Turm nichts als Turm, keines kümmert sich um das andre, das sich schon um sich selber kümmern wird, und nichts haben sie gemein als den Herrn, so lange, bis zuweilen der Burg auf einmal einfällt, barock zu werden, bis die Burg zum Palast wird. Wir haben bei uns die schönsten Beispiele davon. Wann wird eine Burg zum Palast? Wenn ihr Herr ihr den Herrn zeigen will. Was nötigt ihn dazu? Ein hoher Wille, seiner Kraft bewußt, der es nun nicht mehr genügt zu wirken, sondern die sich auch sehen lassen will, auch erscheinen will. Ist sie stark genug, so reißt sie das Alte Stück um Stück alles ein und baut es Stück für Stück neu wieder auf; der Sinn des Herrn fährt jetzt in jedes Stück, das jetzt nicht mehr bloß dem Herrn zu dienen, sondern auch noch den Herrn zu verkündigen hat, es soll nicht mehr bloß Haus oder Stall oder Turm, es soll jetzt dazu noch auch und vor allem ein Zeichen seines Herrn sein. Dazu reicht freilich die Kraft nicht immer. Selten wird die Burg niedergemacht, meistens wird sie bloß umgebaut und das Schloß läßt im Innern heute noch alle die Stück um Stück allmählich aus den Bedürfnissen aufgewachsenen alten Einzelbauten erkennen, vor die nur der Stolz des Herrn dann eine glänzende Fassade gelegt hat. Diese Fassade des Barocks hat sein bester Kenner, Alois Riegl, die „repräsentative Schauwand" genannt; das Wort trifft ihr schillerndes, vieldeutiges, entgleitendes Wesen. Eine Wand: sie verbirgt also. Doch eine Schauwand: also fürs Auge, wie Schauspiel ein Spiel nicht um das Spiel und nicht für den Spieler, sondern nach außen, auf Wirkung, zum Schein. Und repräsentativ, was nun gar ein tückisches Wort ist, denn heißt etwas, zugleich aber auch sein Gegenteil. Ich repräsentiere gut, das kann heißen, daß ich, was ich bin, nicht bloß bin, sondern auch zu zeigen weiß; es kann aber auch heißen, daß ich, was ich gar nicht bin, zu scheinen weiß. Und wie man es immer übersetzen mag, es behält diesen tückischen Zug. Wenn ich sage, daß jemand die deutsche Dichtung unsrer Zeit „vertritt", so bleibt ungewiß, ob ich meine, daß er der Dichter ist, der alle deutschen Dichter ersetzen kann, oder aber meine, daß er sich nur an ihre Stelle setzt, ohne selbst ein Dichter zu sein. Und wenn ich dafür „darstellen“ sage, wird's nicht besser. Er weiß sich darzustellen, kann heißen, daß er nicht bloß einen Inhalt hat, sondern auch die Form dazu, doch ebenso, daß er bloß eine Form hat und keinen Inhalt oder doch nicht den, dessen Form er hat. Und das ist aber nicht eine Schwäche dieser Worte, sondern es ist ihre Kraft, so zu gleißen, denn sie drücken etwas aus, zu dessen Wesen es gehört, uns über sein Wesen im unklaren zu lassen. Und gerade so will die barocke Schauwand, daß wir etwas sehen sollen und dabei doch im unklaren bleiben, ob, was wir sehen, selbst vorhanden ist, oder aber vielleicht bloß in unsern eigenen Augen. Es ist ihr Sinn, daß sie nichts sein, sondern bloß etwas bedeuten, zugleich aber doch auch noch auf mehr deuten soll, und wenn sie täuschend wirkt, beruht auch diese Täuschung wieder immerhin auf einer Art von Wahrheit, da ja, wer sich den Schein von etwas gibt, eben dadurch, daß er das vermag, sich dem, was er scheint, schon nähert, wie Schauspielern Leidenschaften, deren Gebärden sie lange genug nachahmen, mit der Zeit zur zweiten Natur werden. Was uns aber zur zweiten Natur werden kann, muß uns das irgendwie nicht schon auch in unsrer ersten Natur gegeben sein? Woher könnten wir es sonst nehmen?

Was wir scheinen können, müssen wir irgendwie schon sein, wenn auch nur im Keime, wenn auch nur potentiell, und so sagt, was wir scheinen, oft vielleicht mehr über uns aus, als was wir bloß sind, und die Schauwand sagt vielleicht wahr, gerade wo sie täuscht. Sie sagt uns nämlich, wie der Bau gesehen werden will, und dieser Wille, so gesehen zu werden, gehört ja schließlich auch zu seinem Wesen. Ein Mensch besteht nicht bloß aus seiner Kraft, sondern auch aus seiner Ohnmacht. Wer nur will, was er kann, belügt uns, er unterschlägt uns vielleicht das Beste von sich: den Teil, der nicht zur Tat wird, das, was in ihm unerlöst bleibt. Was einer scheinen will, gehört auch zu seiner Wahrheit, einer tiefern oft, als die er sein kann. Gerade wo wir empfinden, daß das Barock lügt, ist es vielleicht am aufrichtigsten.

Österreich entstand, wie Burgen entstehen: Stück um Stück, hier ein Bau, dort einer, lauter Einzelbauten, jeder für sich, sein eigner Zweck, seine Form. Dann aber wird Österreich barock, es wird aus der Burg ein Palast. Das Alte niederzumachen und neu vom Grund aus aufzubauen, wie Napoleon Frankreich, mißlingt in Österreich, weil es keinen Napoleon hat, sondern zwei: Ferdinand und Wallenstein, wenn man sie sich in einem Manne vereint denkt, wären fähig gewesen, Österreich aus seiner Idee rein aufzurichten. Das mißlingt, und so wird Wien nicht der Ausdruck Österreichs, sondern seine repräsentative Schauwand. Es sagt nicht Österreich aus, sondern wie Österreich gesehen sein will. Wer Österreich kennt, lernt es dann von Wien aus erst recht verstehen. Wien ist freilich eine optische Täuschung Österreichs, aber eine notwendige: Österreich braucht diesen Schein, bis es einst selbst erscheinen wird.

Österreich ist noch nicht erschienen, es lebt verborgen. Dieser Satz enthält zwei Fragen. Wenn Österreich verborgen lebt, wovon lebt es, und worin verborgen? Es lebt von seinen Gemeinden. Und dieses Leben verbirgt der Staat.

In seinen Gemeinden ist Österreich. Der Fremde, der eine österreichische Gemeinde kennenlernt, staunt, denn in österreichischen Gemeinden fühlt man sich gar nicht in Österreich! Was man sich angewöhnt hat, Österreich zu nennen, was in Europa für österreichisch gilt, die Schlamperei, die Unzuverlässigkeit, die Tyrannei der Unordnung, das alles ist in keiner österreichischen Gemeinde da, nirgends findet es der Gast in den Gemeinden. Dafür findet er in jeder den besten Bürgermeister. Jede österreichische Gemeinde glaubt den besten Bürgermeister zu haben, und wirklich ist es fast überall der beste Mann, über den die Gemeinde zurzeit verfügt. So staunt der Gast wieder, weil ihm auch das ja wieder ganz unösterreichisch scheint, da hier doch immer geklagt wird, daß in Österreich niemand an seinem Platze steht, daß gar der Fähige niemals zu seinem Rechte kommt, daß sich die Begabung überall von der Mittelmäßigkeit verdrängt sieht. Wie stimmt das? Er bemerkt, daß hier nichts stimmt. Schließlich hat er den Eindruck, daß in jeder Gemeinde alles in Ordnung ist, alle diese Ordnungen zusammen aber eine Unordnung geben. Und sein Eindruck ist richtig. Nun will er das aber erklärt haben! Dies ist nicht so leicht, weil der Gast aus Deutschland, der in unsern Gemeinden dieselben Namen hört wie bei sich daheim, meint, sie müßten auch dasselbe bedeuten, und so den wesentlichen Unterschied zwischen der österreichischen Gemeinde und der deutschen verkennt. Wenn wir uns unsrer „autonomen" Gemeinde rühmen, so sagt dem Deutschen das nicht viel, schon weil er unfähig ist, sich vorzustellen, daß etwas gewissermaßen in einem Raume sein kann, zugleich aber auch draußen, was, so sinnlos es klingt, der Sinn der österreichischen Gemeinde ist. Der beste Kenner unsrer Staatsgeheimnisse, Josef Redlich, hat in seiner meisterhaften kleinen Schrift über „Das Wesen der österreichischen Kommunalverfassung" dargestellt, was die Kraft unsrer Gemeinden ausmacht, nämlich daß sie „der Eigenmacht des Staates entrückt", daß sie „staatsfrei" sind. Die österreichische Gemeinde steht im österreichischen Staatsgebiet, das ist aber auch ihre einzige Beziehung zum Staat. Freilich, die Menschen, die in ihr leben, haben noch andre Beziehungen zum Staate, wie ja diese Menschen auch Beziehungen zur Kirche haben, das aber sind ihre persönlichen Beziehungen, es sind Beziehungen, in die die Gemeinde selbst nicht einbezogen ist. Die österreichische Gemeinde steht auf österreichischem Boden, aber ganz für sich, ihr eignes Leben lebend, sich selbst bestimmend, durch ihren eignen Willen allein gelenkt, suverän. Wenn man sie einen Staat im Staate nennt, ist das schon zuviel für diesen gesagt. Sie ist ein Freistaat im Gebiet eines andern Staates, und dieser hat gar keine Macht über sie, und auch kein Recht, als daß sie anerkennen muß, auf seinem Gebiete zu sein, ohne daß er ihr aber deshalb auch nur das mindeste zu gebieten hätte. An Lueger, der von Berlinern, die damals nach Wien kamen, angestaunt wurde, als wenn er der Doge von Venedig wäre, ist nur einmal weithin sichtbar geworden, was ein richtiger österreichischer Bürgermeister ist. Jeder österreichische Bürgermeister ist ein solcher Doge, jede österreichische Gemeinde ist eigentlich eine kaiserlich königliche Republik. Unsre Gemeindeverfassung stammt vom Grafen Stadion, der mit einer prachtvollen Intuition Österreichs geboren war, die nur freilich dann durch amtliches Denken abgeschwächt wurde. Stadions „Alleruntertänigster Vertrag des treu gehorsamsten Ministerrates, betreffend die Erlassung eines provisorischen Gemeindegesetzes", der, von allen Ministern gezeichnet, am 20. März 1849 in der amtlichen „Wiener Zeitung" erschien, beweist, daß Stadion in der „Staatsfreiheit" unsrer Gemeinde die lebendige Kraft Österreichs erkannt hat. Es heißt darin: „Das Ministerium war vor allem von der Überzeugung geleitet, daß der Gemeindeverband ein naturwüchsiger ist und sein muß, daß derselbe überall, wo er durch natürliche oder positive Verhältnisse, gemeinsame Interessen, gemeinsames Leben und Wirken sich entwickelt, gesetzlich anerkannt und in seiner Existenz gewährleistet werden müsse. Die Gemeinde, die Ortsgemeinde, wie sie faktisch besteht, hat eben durch ihren Bestand ein begründetes gutes Recht, ihre individuelle Existenz anzusprechen; sie ist eine moralische Person, welche die Anerkennung und Gewährleistung ihres Fortbestandes zu fordern berechtigt ist; es wäre eine Verletzung des obersten Rechtsprinzips, wie des obersten Grundsatzes der Freiheit, sie zu zwingen, sich dieser ihrer individuellen Existenz zu entäußern.... Allerdings besteht noch ein Gemeindeverband höherer Ordnung, der Verband der durch historische Grenzen gesonderten Länder; auch diesem, wie dem jeder andern Gemeinde muß die volle Anerkennung werden; doch ist dies nicht mehr Gegenstand des Gemeindegesetzes, sondern einer der wichtigsten Teile des Verfassungswerkes." Aus diesen Sätzen versteht man erst, was der Kollege Stadions, Alexander Bach, gemeint hat, als er einmal von einem Österreich sprach, dessen Grund die Gemeinde sein würde, die Spitze aber der Kaiser „als der oberste Bürgermeister aller Bürgermeister". Nur ist dieses Verfassungswerk, das den „naturwüchsigen" Gemeindeverband „naturwüchsig" an die Länder binden sollte, bis über diesen wieder, immer höher, noch ein drittes Wesen derselben Art, ebenso „naturwüchsig" und von derselben Freiheit, aber höchster Ordnung: der Staat entstanden wäre, nur ist dieses „Verfassungswerk" eines organischen Österreichs bis auf den heutigen Tag unverfaßt geblieben. Jene provisorische Gemeindeordnung ist längst nicht mehr provisorisch, sie war eine Zeit eingestellt, ist aber 1862 erneut worden, im Wesen unverändert, nur fehlt ihr die notwendige Fortsetzung nach oben, es fehlt ihr der natürliche Schluß, es fehlt ihr das Ziel, der Staat nämlich, auf den die Gemeinde zielt, selbst von ihm frei. Stadion hat in seiner Gemeinde den Grund zu einem wirklichen Österreich gelegt, aber auf diesem Grund ist nichts gebaut worden. Der Grund für Österreich ist da, doch steht nichts darauf. Österreich ist daneben erbaut worden, nicht auf diesem Grund, sondern auf keinem.

Der Entwurf Stadions ist das Muster eines Gesetzes: er bringt eine Wirklichkeit in Form. Wäre dies von unten bis oben geschehen, so hätten wir ein natürliches Österreich und könnten leben. Aber dieser Mut zur Anerkennung der Wirklichkeit wagt sich nicht über die Gemeinde hinaus. Er macht nur noch einen schüchternen Versuch mit den Ländern, und kein Mensch kann eigentlich sagen, ob dieser Versuch gelungen oder mißlungen ist, denn kein Mensch in Österreich weiß, wie es sich von Rechts wegen mit den „Ländern" verhält. Gibt es noch ein Königreich Böhmen, ein Erzherzogtum ob der Enns, eine gefürstete Grafschaft Tirol, oder heißen sie bloß so? Wenn es ein Königreich Böhmen gibt, muß es, sollte man denken, einen böhmischen König geben. Gibt es einen? Natürlich gibt es einen: den Kaiser. Der Kaiser ist König von Böhmen, wie er König von Ungarn ist. Wirklich? Genau so? Nein, so nicht. Er ist anders König von Böhmen, als er König von Ungarn ist, sonst hätten wir keinen Dualismus mehr, sondern schon einen Trialismus, und das würden sich die Ungarn verbitten. Der Ungar spricht von seinem König, in Böhmen spricht man vom Kaiser, und niemand spricht in Oberösterreich von seinem Erzherzog, kein Tiroler von seinem gefürsteten Grafen, man würde gar nicht verstehen, was er meint. Ist also Böhmen ein Königreich ohne König? Nein, es hat doch einen König, den Kaiser, der nur aber eigentlich keinen Gebrauch davon macht. Oder soll man sagen, daß es keinen Gebrauch von ihm macht, jedenfalls nicht den, den Ungarn von seinem König macht? Oder muß man richtiger sagen, daß er es nicht diesen Gebrauch von sich machen läßt? Und man kommt immer tiefer ins Fragen. Ist der Statthalter in Prag an Kaisers Statt oder des Königs? Er wird wohl eher der Statthalter des Kaisers sein, doch ist auch das nicht ganz gewiß. Wo findet sich also der König von Böhmen? Unter den Titeln des Kaisers von Österreich. Und Böhmen wäre so nur noch dem Titel nach ein Königreich? Es hieße nur noch ein Königreich? Nein, es ist eines, und von höchster Gegenwart, das Königreich Böhmen lebt, es lebt nicht bloß in jedem Böhmen, es lebt in jedem Österreicher noch, jedes Herz, das österreichisch schlägt, fühlt, daß Böhmen mehr als irgendeine Provinz Österreichs, mehr als ein bloßes Departement Österreichs, mehr als ein geographischer oder verwaltungstechnischer Behelf, daß es das lebendige Königreich Böhmen ist. Und wenn ihm der Titel längst aberkannt wäre, es bliebe doch ein Königreich, solange noch ein böhmischer Pflug über einen böhmischen Acker geht. Das Königreich Böhmen ist eine Wirklichkeit, und ein jedes unsrer „Länder" ist eine Wirklichkeit. Sie sind da, noch immer, aber daß sie da sind, wird ihnen so verdacht, daß sie schon selbst allmählich nur noch mit schlechtem Gewissen da sind; denn es soll unkenntlich gemacht werden. Wer verdenkt es ihnen? Wer ist es, der ihre Wirklichkeit unkenntlich machen will? Der Staat. Hier taucht nämlich auf einmal der Staat auf. In der Gemeinde läßt er sich nirgends blicken, erst den „Ländern" erscheint er. Woher auf einmal? Und was soll er da? Das weiß man nicht recht. Denn mit dem, was heute bei uns Staat heißt, ist Österreich ja ganz im geheimen niedergekommen. Den großen Zeiten Österreichs war es unbekannt. Das Wort wurde damals nur im Plural gebraucht. Die k. k. Staaten sagte man unter Kaiser Franz, und das war nur ein feierlicher Name für die „Länder". Der Singular entstand in den Kanzleien, man riecht es ihm noch an. Und er traute sich selbst so wenig zu, daß er sich vor allem zunächst um ein Hilfswort umsah; er wagte sich nur in einer Zusammensetzung hervor, nämlich als „Staatsgedanke". In England oder in Frankreich ist niemals vom englischen oder französischen „Staatsgedanken", nur in Österreich ist fortwährend vom „Staatsgedanken" die Rede, weil, was hier Staat heißt, in der Tat weder eine Wirklichkeit ist, noch eine Idee, sondern ein bloßer Gedanke, von Beamten erdacht. Aber der Beamte glaubt ja, daß der Buchstabe lebendig macht. Geschriebenes nennt er einen Akt, von agere, tun, handeln. Wenn er schreibt, meint der Beamte zu handeln, Geschriebenes ist ihm eine Tat, und so schien ihm Österreich erschaffen, sobald es auf dem Papier im reinen war. „Was schaffen Sie?" sagt der Österreicher, wenn er fragen will: „Was befehlen Sie, was wünschen Sie?" Der Befehl genügt und es ist geschehen, der bloße Wunsch schon „schafft". Ein Dekret, ein Erlaß, und der Beamte zweifelte nicht, daß der Staat da war. Daß der Beamte sich irrte, daß aus der Kanzlei kein Österreich entstand, wie keines aus den Gemeinden entstand, daß alle beide stecken blieben, das ist unser Problem. Wäre der ungewachsene, ungeschichtliche, unwirkliche, erfundene, von Amts wegen erlassene „Staat" jemals durchgesetzt worden, so hätten wir ein unnatürliches Österreich und könnten sterben. Unser Problem aber ist, daß wir beides haben, sowohl ein natürliches Österreich, wenn auch nicht gern gesehen, doch schließlich halb geduldet, in den Gemeinden, ja sogar noch in den Königreichen und Ländern, wie ein unnatürliches Österreich an diesem freilich wesenlosen, aber dennoch wirkenden Staat, und zwar nicht etwa das eine neben dem andern, sondern eins im andern, eins durchs andre, so daß wir im Grunde keins haben und also weder leben noch sterben können. Eine höchst lebendige Wirklichkeit wurde mit einem logischen Absud amalgamiert, ein Gewächs mit einem Gedanken verkocht. Was daraus entstand, ist sonderbar. Noch sonderbarer aber, daß überhaupt etwas daraus entstand. Begreift man schon kaum, daß eine Wirklichkeit von einer Ohnmacht überwältigt werden kann, so begreift man gar nicht mehr, daß die Wirklichkeit von der Schwäche schwanger wird. Daß eine Fiktion wie dieser liberale „Gesamtstaat" einem Geschöpfe Gottes angetan werden konnte und dieser Kanzleibehelf aber dann wie durch irgendeine geheimnisvolle Transfusion auch noch das rote Blut seines Opfers aufsog, das hat etwas von einer grauenhaft phantastisch unzüchtigen Vision: Brünhilde mit einem Homunkulus als Siegfried!

Der Vater des Gesamtstaates ist der Hofrat. Der Hofrat entstand daraus, daß wir keine Junker haben. Weil der Gutsherr unfähig war, Herr auf seinem Gut zu sein, übernahm das ein Diener für ihn. Der österreichische Hofrat dient zunächst der Herrschaft und bedient sich dieses Dienstes dann, um schließlich auch sie selbst sich untertan zu machen. Gliedmaßen der Herrschaft sind die Kollegien, die Gremien anfangs: Hände, die hantieren, Füße, die laufen sollen, auf Befehl des Kopfes, aber auf einmal werden sie selbst zum Kopf, auf einmal ist es das Gremium, das befiehlt, die Verwaltung wird „kollegial", das heißt: die Hofräte, die Schreiber verfügen jetzt, während der adlige Herr, der Präsident, nur noch unterschreibt, was die Schreiber verfügen, die Hand ist zum Kopf, der Kopf zur Hand geworden, was freilich nicht möglich gewesen wäre, hätte die Hand nicht von Anfang an mehr Kopf gehabt als der Kopf.

Der Gutsherr hat einen Kutscher, die Gutsherrin hat eine Köchin, der Kutscher und die Köchin heiraten, ihr Bub soll beileibe kein Bauer werden, sie schämen sich ja des Volkes, sie verleugnen es, also wird so lange gebettelt, bis der Bub studieren darf: so kommt, historisch, der Hofrat zustande. Schon die Eltern sind Unwesen: das Volk, aus dem sie stammen, verleugnen sie, die Herrschaft, der sie dienen, verachten sie und dünken sich besser als beide. Das ist ihre Hauptbeschäftigung: sie dünken sich. Denn sie sind ja nichts: was sie waren, wollen sie nicht mehr sein, und was sie gern wären, werden sie nie, so sind sie nichts. Sie sind nichts und sie haben nichts, das geben sie dem Buben mit. Er wird Jurist: in ein leeres Gefäß kommt das römische Recht. Er wird ein Behälter von Begriffen. Aus Begriffen besteht er, von Begriffen lebt er, darunter aber grollt noch das alte Bauernblut mit dem angestammten dumpfen Haß gegen die Herren, aber ein träg und feig gewordenes, ein schleichendes Blut; schon in den Eltern war der Bauernzorn zur Bedientenlist geronnen, an der nun gar der Bub in den Entbehrungen eines Bettelstudenten würgt. Hat er sich durchgehungert, so tritt er bei einem Amt in Dienst, wie sein Vater einst beim Grafen in Dienst trat. Und er steht zu seinem Amt innerlich genau so, wie sein Vater zum Grafen stand, wie der Bediente zum Herrn steht. Diener und Bedienter ist nicht dasselbe. Friedrich der Große nannte sich den ersten Diener des Staates, er hätte sich nicht den ersten Bedienten des Staates genannt. Das ist der Unterschied zwischen Friedrich dem Großen und dem österreichischen Hofrat. Der Hofrat bedient einen unfähigen Herrn, den zu beherrschen, ohne sich das merken zu lassen, er für sein Amt ansieht. Und wie der einzelne Hofrat zu seinem adligen Herrn steht, dem Hofkanzler oder Hofkammerpräsidenten, so stehen alle Hofräte zusammen zur Wirklichkeit, und wenn dieses Verhältnis nun Gelegenheit hat, produktiv zu werden, wenn in einem Augenblick der Verwirrung die Wirklichkeit den Hofräten ausgeliefert wird, wenn der Hofrat an ihr seinen verhaltenen Bedienteningrimm endlich löschen kann, so entsteht, was auf österreichisch Zentralismus heißt: ein Racheakt eines wütenden Rationalisten an der unlogischen Wirklichkeit, ein Duell einer Fiktion mit dem Leben, der Triumph einer Formel über das Wesen.

Der Zentralismus hat seinen großen Augenblick in Alexander Bach gehabt, einem der österreichischesten Menschen, der zum Hofrat geboren war, Advokat wurde und sich 1848 Minister sah, aufgetrieben von der Revolution, ausgebrütet von der Reaktion. Er fand eine formlose Wirklichkeit vor. Sie war der alten, der theresianischen, unter Josef zerschossenen, unter Franz wieder zugeheilten Form entwachsen, die Form wuchs nicht mehr mit, erstarrte, riß, und 1848 brach das neue Leben an, das aber nun gleich einen Selbstmord begeht, indem es dogmatisch wird, Doktrinen zu formen versucht, statt sich selbst, und so der alten formlosen Wirklichkeit erliegt, die noch immer stärker als diese unwirkliche Form ist. Nun liegt das Land gleichsam in seinem Rohzustande da. Es hätte so liegenbleiben können, es wäre, sich selbst überlassen, mit der Zeit schon wieder zu sich gekommen. Jenes Gemeindegesetz des Grafen Stadion war so ein Versuch, der guten Natur Österreichs zu vertrauen, die sich, zur Ruhe gebracht und entfiebert, schon selber helfen würde. Stadion hatte, was an unsern Staatsmännern so selten ist, einen Instinkt für Österreich, der sich nur freilich durch Ungeduld verleiten ließ, dort, wo er nicht weiter konnte, mit Reflexion weiter zu wollen, während es das Geheimnis aller wahren Politik ist, wenn sie merkt, daß der Instinkt nicht weiter kann, auch nicht weiter zu wollen, sondern das als eine Warnung zu nehmen, daß sie nicht weiter soll. Stadion ließ sich nicht warnen, sondern übergab sich der Reflexion, er übergab sich Bach. Mit Bach beginnt in Österreich der Aufmarsch von Politikern, die für alles eine Formel finden. Die Macht Metternichs bestand darin, daß er eine Idee von Österreich hatte. Gerade diese, bei uns gebräuchliche Wendung, eine Idee von etwas haben, was also heißt, daß man nicht die Sache selbst hat, aber auch nicht ihre Idee, die sie zeugende Idee, sondern nur eine Idee davon, allenfalls eine sie bezeugende

Idee, gerade diese Wendung trifft auf Metternich zu, bestimmt genau seine Kraft und zieht ihre Grenzen. Er hatte eine Idee von Österreich, er hatte nicht Österreich, nicht die Idee Österreichs, aber etwas davon, ein Spiegelbild, und ein sehr glänzendes, ein höchst lebendiges, so lebendig, als nur ein Spiegelbild überhaupt sein kann. Dieses Spiegelbild wollte Metternich fixieren, und daß es, fixiert, schon nicht mehr Österreich glich und mit der Zeit immer weniger dem sich ja bewegenden Österreich glich, merkte Metternich nicht, was um so seltsamer ist, da sich Österreich, das wirkliche, doch um ihn bewegte, gerade durch Männer seines Vertrauens, durch die Männer der österreichischen Romantik. Die österreichische Romantik war ein Erwachen der Idee Österreichs. Ihr ganzer Kreis wird von dem Geheimnis Österreichs erfüllt. Gar in ihrer höchsten Gestalt, dem Redemptoristen Klemens Maria Hofbauer (den Zacharias Werner mit Napoleon und Goethe verglichen hat) ist wirklich ganz Österreich zusammengefaßt. Es waren Männer, die die Gegenwart nicht bloß sahen, sondern sie schauten; ja sie durchschauten sie, bis ins Herz, bis in das Gesetz alles österreichischen Lebens hinein. Dies ließ sie zugleich die Vergangenheit Österreichs gewahr, wie der Zukunft Österreichs gewiß werden; denn alle Gegenwart enthält im Grunde beides, die Vergangenheit bleibt noch, die Zukunft wird schon in ihr. Aus der einen in die andere schaltet der Augenblick um und darum merkt gerade der Augenblick von beiden nichts. Aber noch unter Metternich drängen sich Männer des Augenblicks vor, und als er fällt, beginnt ein Österreich, dessen Hauptwort „provisorisch“ wird. Wer im Augenblick den besten Einfall hat, dem gehört es. Diese Begabung, immer einen rettenden Einfall zu haben, von dem uns morgen schon wieder ein andrer retten wird, die Begabung, durchzukommen, sich nur durchzubringen um jeden Preis, eine Begabung der Gleichgültigkeit für alles, was war, und für alles, was daraus wird, der Gedächtnislosigkeit und der Gewissenlosigkeit, die Begabung, immer recht zu haben, unter dem Verzicht, jemals recht zu behalten, die Begabung des „Fortwurstelns“ ist in Bach fast bis zur Genialität gesteigert gewesen. In jedem Augenblick der Revolution und in jedem Augenblick der Reaktion blieb er der Mann des Augenblicks. Es ist eine staunenswerte Leistung, daß er, aus einem Revolutionär zum Reaktionär geworden, auch das alte Österreich, das auferstanden schien, wieder unterschlug, durch einen Einfall, durch den ihn rettenden Einfall, es, wenn er es schon nicht an die Luft setzen konnte, in die Luft zu setzen, in die Luft eines bloßen Gedankens, jener „Staatseinheit“, die nichts als ein bürokratisches Bedürfnis ist. Bachs Österreich war eine Antwort auf die Frage nach dem Staat, der am bequemsten zu regieren wäre; diesen hat er erfunden. Vom Adel ebenso gehaßt wie vom Bürgertum, war er dennoch ihr Mann, er war nämlich der Mann ihrer Furcht vor der Wirklichkeit: der Adel hatte Furcht vor der drohenden neuen Wirklichkeit, das Bürgertum vor der wiederkehrenden alten, und Bachs Erfindung war, alle Wirklichkeit, alle, durch eine Fiktion zu bannen. Er hat sein „System“ (und mit welcher Ehrfurcht sprach der Österreicher dies

Wort aus!) dem Herzog Ernst von Koburg damit begründet, daß „noch kein fertiger Staat vorliegt". Und er meinte wirklich, seinen Staat „fertig vorlegen" zu können, was doch nur ein Jakobiner meinen kann. Und daß es ihm aber auch gelang, daß seine Fiktion von einer Kraft war, welcher sich die Wirklichkeit noch bis zum heutigen Tage nicht ganz erwehrt hat, das ist das Rätsel, wie dieser ganze Mensch ein Rätsel ist, der auf den ersten Blick so klar und einfach und durchsichtig scheint, aber je näher man ihm kommt, desto dichter und fragwürdiger und vielfältiger wird. (Man merkt, daß ich verliebt in ihn bin, aber voll Haß). Ein Advokat, ein Rationalist, und von der gefährlichen Art: mit der Neigung zur Diktatur, ein fanatischer Logiker, dies alles war er, aber er war noch mehr. Der richtige Rationalist, reinstes achtzehntes Jahrhundert, ja, aber mit verborgenen Falltüren, mit unterirdischen Gängen, mit einem mystischen Abgrund. Nämlich: ein geborener Advokat, aber dem noch der Bauer im Nacken sitzt. Er stammte von Bauern, und solche zur Stadt gebrachte Bauern werden in der zweiten Generation meistens Menschen in zwei Etagen. Ihr bäurisches Mißtrauen bewahrt sie davor, die Stadt in sich einzulassen. Sie nehmen die Stadt nicht auf, sondern legen für sie gleichsam über sich noch einen zweiten Stock an. Unten bleiben sie Natur, oben bringen sie die „Bildung" unter. Der Verkehr mit der Welt geschieht oben, unten leben sie. Jedes Stockwerk hat seinen eignen Zugang. Mit solchen Menschen kann man jahrelang bekannt sein, ohne sie zu kennen, bis eine Tat, deren man sie niemals für fähig gehalten hätte, verrät, was sie sind. Man tut ihnen unrecht, wenn man sie Heuchler nennt; sie heucheln nicht, nur kennen wir sie bloß von oben, sie handeln aber von unten. Und den untern Stock können wir schon deswegen nicht kennen, weil er sprachlos ist; das Wort hat immer nur der zweite Stock. Bach war ein Meister des Wortes, das nur aber stets verschwieg, was er tat. Er muß in sich irgendwo gewissermaßen ein taubstummes Gebiet gehabt haben, das nicht hören konnte, was er dachte, noch aussprechen konnte, was es wollte. Und aus diesem Gebiete hat er gehandelt, mit der Sicherheit eines Nachtwandlers. Ein Rationalist, reinstes achtzehntes Jahrhundert, ja, aber mit Mondsucht. Der Fall ist in Österreich gar nicht so selten. Und aus diesem mondsüchtigen Logiker versteht man auch die Kraft des von ihm erfundenen Staates erst. Wie nämlich solche Menschen im Grunde Natur bleiben und nur darauf dann einfach ein Stockwerk von „Bildung" aufsetzen, so war Österreich, das wirkliche, das tiefe, feste, taubstumme Bauernösterreich, stark genug, Bachs Gedankenwisch von einem Staat zu tragen, der ja stets bloß ein bürokratisches Regulativ blieb, freilich mit einem Säbel.

Solche Menschen, deren Wesen stumm bleibt, deren Wort also nichts zu sagen hat, müssen einer Zeit unwahrscheinlich vorkommen, die das Wort so sehr überschätzt, daß ihr, was nicht ausgesprochen wird, nichts gilt. Unsre Zeit geht darin so weit, daß sie, was nicht zu Worte kommt, gar nicht bemerkt. Daher auch ihr Unverhältnis zum Mittelalter, dessen Wesen ja niemals das Wort nimmt. Es redet nicht, es bildet. Auch der Dichter des Mittelalters redet nicht, Dante gebraucht das Wort als Stein, während im achtzehnten Jahrhundert, das schon ein redendes Zeitalter wird, sogar der Maler (noch nicht der des Rokoko, aber der klassische, nicht Watteau, aber David) auch die Farben zum Reden gebraucht. Was das Mittelalter kundmachen will, vertraut es dem Baumeister und dem Steinmetzen an. Das deutsche Bürgertum des achtzehnten Jahrhunderts steht im „Wilhelm Meister", der Adel des Mittelalters im Naumburger Dom. Beide hatten dasselbe Bedürfnis, sich auszudrücken; nur die Mittel sind verschieden. Darum kann sich auch die Renaissance mit dem Mittelalter nicht mehr verständigen: sie fragt mit Worten, es antwortet in Steinen. Die deutsche klassische Literatur scheint ein tiefes Schweigen zu brechen, ihre Zeit hat ja nur noch Ohren für das Wort und ist taub für die Verkündigungen Schlüters, Pöppelmanns, Bährs. Damit beginnt ein bald nur noch redendes Zeitalter, in dem nichts mehr zum Vorschein kommt als in Worten, bis zuletzt sogar die Musik reden muß, wenn sie gehört sein will, ja, bis auch die Tat nicht mehr genügt, wenn ihr das Wort fehlt. (Ein Beispiel ist Bismarck, der, in all seiner unmittelbaren Naturgewalt und so weithin sichtbar ihn auch das Schicksal stellt, dennoch unerkannt bleibt, selbst nachdem seine Tat schon getan, sein Werk schon vollbracht ist, so lange bis ihn die Nation schwarz auf weiß bekommt: aus den Frankfurter Schriften, seinen Briefen, seinen Gesprächen wird er ihr erst lebendig. Ein andres Beispiel ist Wagner, der seinem Werke, dieser ungeheuren Wirklichkeit, überhaupt die Möglichkeit erst hat erreden müssen. Wie denn dieses Zeitalter immer mehr vom Künstler verlangt, noch dazu gleich auch selbst der Advokat seiner Kunst zu sein, und selbst den Maler nicht mehr um sein Bild fragt, sondern um das Programm. Denn eine Zeit, in der alles auf den Markt muß, beherrscht der Marktschreier.)

Ein Zeitalter ist ein bildendes oder ein redendes, je nachdem es sich mit den Erscheinungen abzufinden sucht: der Bildner metaphorisch, der Redner buchstäblich. Beide wissen, daß es dem Menschen unmöglich ist, auf den Grund der Erscheinungen zu kommen, aber jeder will sich nun anders helfen. Das Erscheinende selbst bleibt uns unbekannt, das die Erscheinung Bewirkende das Agens. Aber das Unbekannte, das in einer Erscheinung steckt, ihr Kern oder Korn, ihr Agens ist ja nicht bloß dieser einen Erscheinung fähig, sondern einer ganzen Reihe von Erscheinungen. Der Bildner sieht jeder Erscheinung die Reihe, zu der sie gehört, den ganzen Stammbaum an, und indem er die Erscheinung mit einer andern derselben Reihe vertauscht, durch ein Gleichnis aus ihrer Verwandtschaft ersetzt und uns so fühlen läßt, daß die ganze Reihe auf ein Gemeinsames deutet und dasselbe Geheimnis meint, bleibt uns dieses zwar genau so unbekannt wie zuvor, aber die Erscheinung verliert das Drohende, sie bekommt Gesellschaft, und ein Zusammenhang, eine Ordnung, ein Gesetz ist da, wenn auch verborgen. Die Ur-Sachen bleiben uns unzugänglich, aber es freut uns doch, es ist eine Art Trost, Zeugen zu haben, daß Ur-Sachen sind. Der Redner hilft sich gegen den Drang der Erscheinungen anders als der Bildner. Der Redner hilft sich, indem er das Phänomen beseitigt, nämlich durch ein Zeichen: er „merkt" es, wie man einen Strumpf „merkt", er benennt es, und wenn es uns durch den Namen auch freilich um nichts bekannter wird, so wird es uns dadurch doch geläufig, es wird uns vertraut und wir können damit hantieren. Wenn man einen Strumpf „merkt", hat man es nicht mehr nötig, sich ihn zu merken; man erkennt ihn wieder, auch ohne ihn zu kennen, und ungefähr auf dasselbe läuft alle Erkenntnis durch Worte hinaus: sie befreit uns von der Welt, indem sie uns dafür ein Vokabular gibt. Die Vokabel sagt mir freilich über das Ding nicht mehr, als daß es dasselbe Ding ist, das mir schon einmal unbekannt geblieben ist; sie lehrt mich das Unbekannte nicht kennen, aber von den andern Unbekannten unterscheiden und die sämtlichen Unbekannten sortieren, worauf es mir ja hauptsächlich ankommt, weil dies mir das Gefühl nimmt, unter Unbekannten zu sein; es ist wie in der Mathematik: zwar weiß ich schließlich noch immer nichts, aber ich kann damit rechnen. Auch wer in Metaphern denkt, erkennt dadurch nichts, doch bleibt ihm, dem Bildner, doch immer noch bewußt, daß jede Erscheinung ein Geheimnis ist. Aber wer in Worten denkt, wird das Geheimnis der Erscheinungen los. Und der Markt, auf den in unsrer Zeit alles muß, kann kein Geheimnis brauchen. Unsre ganze „Bildung" ist ein gelungener Versuch, alles Geheimnis loszuwerden. Und die Sprache macht sich dann noch den Spaß, „Bildung" zu nennen, was im Gunrde nichts als ein völliges „Entbilden" der Schöpfung ist.

Mit dem Bürgertum tritt überall ein redendes Zeitalter ein. Das Bürgertum kann wirtschaftlich nur Waren brauchen, geistig nur Worte. Wie Deutschland bürgerlich wird, wird es literarisch. Wilhelm Pinder (in der Einleitung zu seinem „Deutschen Barock") hat zuerst darauf hingewiesen, daß die klassische deutsche Dichtung nicht vom Himmel gefallen ist, sie spricht nur aus, was bisher bloß Bild war: sie übersetzt das deutsche Barock aus dem Stein ins Wort. Der Stein nimmt in ihr das Wort, mit einer hinreißenden Kraft, von der auch Österreich mitgerissen wird, das doch damals noch gar nicht so weit, das längst noch nicht für ein redendes Zeitalter reif ist: wir bekommen die Worte des Bürgertums, bevor wir noch genug Bürgertum dazu haben. Die Folge davon ist, daß, als später dann auch unsre Entwicklung so weit wäre, das Wort zu nehmen, sich auszusprechen, literarisch zu werden, sie gar nicht mehr dazu kommt, weil ihr ja das Wort schon weggenommen ist, die Aussprache schon geschehen ist, eine Literatur, die doch jetzt aus dem österreichischen Barock erst entstehen könnte, schon da ist, aber keine österreichische freilich, sondern importiert. Das dürftige Ding, das „Bildung" heißt, diese sauer gewordene Verdünnung der klassischen Dichtung, ein klägliches Surrogat für Religion und Kunst, aber dem Bürgertum, dem diese abhanden gekommen sind, unentbehrlich, hat in Deutschland doch immer noch einen Bodensatz von lebendiger Erinnerung, sie ist nichts, doch merkt man ihr immerhin noch an, was sie war, aber unsre war niemals unser. „Bildung" ist ja schon ihrem ganzen Wesen nach immer aus zweiter

Hand, unsre gar aber gleich aus dritter. Unsre „Bildung" ist ausgeborgt, Österreich ist noch gar nicht aus seinem Barock übersetzt worden, es ist noch gar nicht zu seinem Wort gekommen, darum versagt es in diesem redenden Zeitalter, so oft es mitzureden versucht, es hat dann einen falschen Ton, denn es spricht eine fremde Sprache. Das ist unser Elend. Aber daß Österreich in einem redenden Zeitalter notgedrungen so viel von sich verschweigen mußte, nämlich alles, wofür die fremde Sprache seiner entlehnten „Bildung" keinen Ausdruck hat, gerade das also, was es zu sagen hätte, gerade das, was es mit keinem gemein hat, gerade das, was nur von ihm allein gesagt werden könnte, sein ureignes Wesen, daß es gerade davon immer schweigen mußte, gerade von sich selbst, daß es, seit anderthalb Jahrhunderten, sich niemals mehr ausgesprochen hat, wenigstens nicht mehr direkt, sondern nur noch in abhängiger Rede, das ist vielleicht aber auch wieder unser Glück. An diesem stumm gebliebenen, diesem aufgesparten, diesem unerlösten Österreich haben wir unsre Zukunft. Ihm verdanken wir jene Menschen in zwei Etagen.

Deutsche werden leicht ungerecht gegen Österreicher. Sie meinen, daß es uns an innerm Gewicht, an Ernst, an Tiefe fehle. Wir sind ihnen zu geschickt, es wird uns alles zu leicht, unsre geistige Behendigkeit ist ihnen verdächtig. Zeigen wir uns ihnen an Witz, Einfällen und Schlagfertigkeit überlegen, so behaupten sie, daß wir dennoch unfähig sind, ein Gespräch zu führen, sondern bloß Konversation machen. Sie haben recht, folgern aber daraus falsch. Der Deutsche führt ein Gespräch, er führt es aus sich heraus, holt es aus sich herauf, während wir die Sprache sprechen lassen, nicht uns selbst. Wir sprechen gewissermaßen in unsrer Abwesenheit, wir selbst sind in unsern Gesprächen nicht da. Daß wir aber deshalb überhaupt nicht da sind daraus zu schließen, ist doch voreilig von den Deutschen. In einer fremden Sprache spricht man, wie geläufig man sie sprechen mag, doch immer an sich vorbei; das ist auch gerade der Reiz fremder Sprachen, man ruht in ihnen so gut aus, weil man selbst daran unbeteiligt ist und sich auch nicht dafür verantwortlich fühlt. Das ist aber genau das Verhältnis des Österreichers zur „Bildung". Unsre „Bildung" hat nichts von uns, wir haben nichts an ihr, das Volk mißtraut ihr, sein Instinkt warnt es vor ihr, aber auch der „Gebildete" hängt sie bloß um, er macht keinen eignen Gebrauch von ihr, sich kann er damit nicht ausdrücken. An der Kraft sich auszudrücken fehlt es Österreich nicht. Fischer von Erlach und Lukas von Hildebrandt und Jakob Prandauer haben es ausgedrückt wie Dittersdorf, die beiden Haydn und Mozart. Erst in der „Bildung" ist es unsichtbar und unhörbar geworden. Seitdem versteckt sich der Österreicher vor seiner eignen Natur. Grillparzer ist ein typisches Beispiel dafür, seine grauenhaften Tagebücher enthüllen den wirklichen Grillparzer, sie verraten, vor wem er in die Kunst floh: vor sich selbst. Auch Mozart schon ist auf der Flucht vor sich selbst, nur läßt ihn seine Natur nicht entkommen, sie ist stärker, sie holt ihn immer wieder ein, und dieser Mozart, der ihr nicht entrinnen kann, der tragische, der, von seiner Natur überwältigt, aufschreiende Mozart ist der echte. Grillparzer hat niemals den Aufschrei Mozarts. Mozart ist denn auch an sich gestorben, während Grillparzer sich noch jahrelang überlebt hat. Und noch Mahler wird immer der ganze Mahler erst, wenn plötzlich der böhmische Musikant in ihm aufschreit; da hat er sich wieder, das ist seine Mundart. In der „Bildung" ist der Österreicher so verstummt, daß er erst in der Mundart die Sprache wiederfindet. Wenn ein gebildeter Österreicher sich einmal aussprechen will, sich selbst, in einer wahren Not oder in einem tiefen Glück, kann er das immer nur in der Mundart. Es hat noch kein Österreicher gesagt: Ich liebe dich. Er sagt: Ich hab dich lieb. Sonst glaubte man es ihm auch nicht. An Kainz war nichts so seltsam, als wenn er, der oft tagelang das reinste Hochdeutsch sprach, einmal etwas auf dem Herzen hatte: gleich sprach er das ärgste Wienerisch. Und es ist kein Zufall, daß die beiden größten Dichter Österreichs seit dem Import der „Bildung", Raimund und Stelzhamer, Dialektdichter waren, wie Schubert, Bruckner und Smetana Dialektmusiker sind. An der „Bildung" sind wir erkrankt, am Dialekt genesen wir wieder. Das gilt von jedem einzelnen Österreicher ebenso wie von Österreich selbst.

„Bildung" war jenes Österreich des Doktor Alexander Bach, ein über Nacht improvisierter Staat. Aber wie Bach selbst voll Geheimnis war, ein Rationalist, aber mit mystischen Verliesen, hat auch der von ihm ausgedachte Staat irgendeinen unterirdischen Gang zur Wirklichkeit. Österreich hat noch Dialekt, wenn auch im Staat versteckt. Die Gemeinde ist ganz Dialekt. Daher auch das österreichische Gefühl, daß Österreich „nichts geschehen kann"; es ruht auf sicherm Grunde, in der Not zieht es sich in seine Gemeinden zurück. Auch die „Länder" haben Dialekt, freilich schon einen verschämten. Sie sind noch Natur, aber bei getrübtem Bewußtsein. Die Gemeinde ist Natur, nichts als Natur, und bewußt gewordene Natur. Das „Kronland" ist auch Natur, aber die nicht mehr wagt, sich ihrer ganz bewußt zu sein: ein Dunst liegt darauf. Die Gemeinde spricht sich resolut aus, dem „Lande" wird, eben wenn es sich aussprechen will, plötzlich ein Fremdwort suffliert, das es zaghaft nachsagt: dem „Lande" redet plötzlich der Staat drein, in seiner landfremden Sprache. Die Wirklichkeit Österreichs verjüngt sich aus seinen breiten Gemeinden zu den Ländern empor, und wenn sie sich nun noch einmal wieder empor verjüngte, hätten wir einen natürlichen Staat, aber der fehlt, die Wirklichkeit Österreichs bricht auf einmal ab, und an der Spitze wird ihr eine Unwirklichkeit aufgesetzt.

Eine Unwirklichkeit, aber keine Unwahrheit. Der Staat versteckt Österreich bloß, aber er verleugnet es nicht. Auch er ist ja wieder Österreich, aber ein bloß gedachtes, im Gedanken steckengebliebenes Österreich. Und daß in dieses bloß gedachte, im Gedanken steckengebliebene Österreich die Wirklichkeit Österreichs gesteckt worden ist, daran ist ihr zum Ersticken. Österreich hat einmal plötzlich die Geduld mit sich verloren und gewaltsam fertig machen wollen, was nur werden kann, was wachsen muß, was man walten lassen muß (und was überhaupt nie „fertig" sein wird!), Österreich hat das Erscheinen seiner Einheit nicht erwarten können. Aber kein Gedanke, selbst der wahrste nicht, selbst ein der Wirklichkeit nur vorauseilender nicht, kann die Wirklichkeit kommandieren. Der Zentralismus Bachs war eine Übereilung Österreichs. Bachs Gedanke war, Österreichs Einheit erscheinen zu lassen, aber er verwechselte Form mit Uniform. Österreich ist eins, aber nicht einförmig. Es ist der Irrtum der Zentralisten, sich Österreich einförmig zu denken. Die Föderalisten wieder verlieren vor lauter Empfindung, wie vielgestaltig Österreich ist, sich zuletzt in ein ungestaltes Österreich. Nichts Lebendiges läßt sich statuieren, formulieren oder wie man immer den Versuch, Natur aufzuhalten, nennen mag, denn alles Lebendige fließt, gar aber Österreich, das nichts als Fluß war, ist und sein wird, der deutsche Fluß ins Morgenland.

Richard Kralik hat einmal von der „österreichischen Idee" gesagt, sie warte nur darauf, daß ihr jemand die „kleine Samtmaske" vom Gesicht nimmt. Auch jeder Österreicher, welcher Nation immer, trägt diese kleine Samtmaske. Jeder Österreicher ist eine Miniatur Österreichs. Wie die Wirklichkeit Österreichs, in der Gemeinde von solcher Urkraft, dann behutsam in das „Land" aufsteigt, dort aber, gerade wo sie zum vollen Bewußtsein will, in den Staat versteckt wird, so sieht sich auch der Österreicher selbst immer aus dem vollen Leben plötzlich ins Wesenlose gesetzt. Er ist ganz Natur. Kein andrer Menschenschlag hat einen geraderen Wuchs. Wohlgeboren, wohlgestaltet, wohllautend wächst der Österreicher wohlgemut auf und — wird irre. Irgend etwas macht ihn plötzlich irre. Er wird ungewiß, darum übertreibt er sich. Er gefällt sich nicht, darum sucht er zu gefallen. Er verliert die Zuversicht, das macht ihn so lärmend lustig. Wann wird er irre? Wodurch wird er an sich irre? In dem Augenblick, wo er sich entscheiden soll, wo er wählen, sein eignes Leben, das ihm gemäße, das ihm zugewiesene Leben wählen muß, wo er zu handeln hat. Davor erschrickt er, er fühlt sich unfähig dazu, denn er vermag nicht, sein Schicksal abzuheben. Er ist Natur, er hat Form, aber um nun das, was er ist und was nur er ist, das was er hat und was nur er hat, sich herauszunehmen als sein Eigentum, seinen Ruf, seine Tat, sein Recht und seine Pflicht, dazu fehlt ihm der Anblick einer Gemeinsamkeit, mit der er sich eins, aber an der auch wieder er sich als den einen, der nur er ist, fühlen könnte. Bilden, wahrhaft bilden, zu bewußtem Sein und zur bewußten eignen Tat bilden, kann der einzelne sich immer nur am Bilde der Gemeinschaft, der er angehört. An ihrem Gesichte nur erblickt er erst sein eignes Gesetz. Aber wie soll der Österreicher die Idee, die er ist, die er zu tun hat, sehen können, wenn er die Idee Österreichs niemals gesehen hat? Was er sieht, ist doch immer nur die kleine Samtmaske. Es muß einer schon ganz von Gott besessen sein, daß er den Mut findet, sie Österreich vom Gesicht zu nehmen! Die andern lassen sich täuschen, ihnen ist die Maske das Gesicht, und so bilden sie sich danach: sie nehmen sich auch eine vor. Und so wie sie selbst sich niemals sehen, bleiben sie stets ungesehen, und ihre eigne Tat bleibt ungetan, ihr eignes Leben ungelebt. Aber diese Tat steckt doch in ihnen, sie kann' nur nicht heraus, sie sind von eignem stockenden Leben voll. Daher die Wehmut ihrer tollen Lebenslust, der Geigenklang österreichischer Menschen. Und weil sie sich selbst nicht erleben können, müssen sie sich verwandeln: daher ihre Schauspiellust. Und weil doch alle Verwandlung aber keinen Menschen je von sich selbst erlöst, was nur die befreiende, entladende Tat kann, deshalb ihre Flucht vor dem eignen Ernst, ihr holder Leichtsinn, der österreichische Leichtsinn, mit dem sich kein andrer auf der weiten Welt vergleichen kann an Anmut und Liebreiz und Seligkeit, weil es ein Leichtsinn voll seliger Sehnsucht ist, ein Leichtsinn aus verstummter Tiefe.

Die Länder

1. Böhmen

Fox riet schon 1797, Irland irisch zu behandeln, nicht englisch. Und Justin Mac Carthy, selbst Ire, der eine kluge klare Geschichte unsrer Zeiten schrieb, gibt zu, daß es England mit den Iren gut meint, aber auf englisch, und davon hätten sie nichts, solang es ihnen nicht auch auf irisch gut geht. Ebenso verlangt Böhmen, böhmisch regiert zu werden, seiner geschichtlichen Persönlichkeit gemäß. Dabei stimmt der beliebte Vergleich Böhmens mit Irland nicht einmal ganz. Denn Irland ist von England erobert und unterworfen worden, viermal sogar, das erstemal von Heinrich II., das zweitemal von Heinrich VII., das drittemal von der Elisabeth, das viertemal von Oliver Cromwell. Böhmen ist niemals erobert worden, Böhmen hat sich frei für Habsburg entschieden. Es ist kein erobertes Land, es ist auch nicht durch Erbschaft oder Heirat an Österreich gekommen, es ist überhaupt niemals an Österreich gekommen, sondern dadurch, daß es zugleich mit Ungarn aus freier Wahl an Habsburg kam, entstand erst, was fortan Österreich hieß. Böhmen hat Österreich miterschaffen. Bevor Böhmen sich entschloß, in Gemeinschaft mit den Habsburger Landen und Ungarn zu leben, gab es kein Österreich. Den Namen gab es allerdings schon, aber in einer andern Bedeutung. Was durch jenen Entschluß Böhmens erst entstand und fortan Österreich hieß, war seit Jahrhunderten im Zuge. Es hätte schon unter Ottokar oder auch unter Georg von Podiebrad entstehen können, auch unter Matthias Korvinus. Wenn es unter Ottokar oder Georg von Podiebrad entstanden wäre, mehr als zweihundert Jahre früher, so hätte man es vielleicht nach dem böhmischen Teil benannt, und dann würde heute, wenn gelegentlich Tirol oder Salzburg auf sein geschichtliches Recht pocht, den Tirolern oder Salzburgern der Vorwurf nicht erspart bleiben, sie seien unböhmisch.

Das Wort Österreich hat viele Bedeutungen, und man weiß heute nie recht, in welcher es gerade gebraucht wird. Es erscheint zuerst im zehnten Jahrhundert, als nach dem Sieg über die Magyaren der Sachsenkaiser Otto I. 955 die karolingische Ostmark wiederherstellt, die 796 nach dem Sieg über die Avaren im Gebiet zwischen Enns und Raab errichtet worden war. Österreich heißt damals das Land, mit dem 976 der Babenberger Leopold I. von Kaiser Otto II. belehnt wird. Allmählich geht der Name dann vom Land auf den Gebieter über. Das Haus Österreich, sagt man im fünfzehnten Jahrhundert, und in den letzten Tagen des Kaisers Max wird das allgemeiner Brauch: was den Habsburgern gehört, heißt nun Österreich. Max hat einen Sohn, Philipp den Schönen, der vor dem Vater stirbt. Das Erbe wird zwischen den Enkeln Maximilians geteilt, und da springt der Name jetzt auf den einen Teil über: mit Karl V. beginnt die spanische, mit Ferdinand I.

die österreichische Linie des Hauses Habsburg. Und als Ferdinand I., der Gemahl Annas von Ungarn, 1526 durch Wahl am 24. Oktober die böhmische Krone, durch Wahl am 16. Dezember die ungarische Krone empfängt und also sein vom Großvater ererbtes Land mit Böhmen und Ungarn vereint, wachsen für sein Gefühl einfach dem alten Besitz der österreichischen Linie zwei neue Länder zu, und es ist nur natürlich, daß die ganze, jetzt erst entstehende Gemeinschaft den Namen des alten Teiles annimmt. So gewinnt der Name hier ebensoviel wieder, als er, bei der Teilung der Erbschaft zwischen den Brüdern, dort verloren hat. Österreich heißt seitdem alles von den Habsburgern der österreichischen Linie beherrschte Gebiet, das dann der deutsche Kaiser Franz II. 1804 zum erblichen Kaisertum erklärt, sich fortan Franz I., Kaiser von Österreich, nennend. Dieses Kaisertum Österreich erlischt am 21. Dezember 1867, aber der Kaiser von Österreich bleibt übrig. Von 1867 bis 1915 ist Österreich nur noch in einer Zusammensetzung und im Titel des Oberhauptes vorhanden. Der neue Staat heißt Österreich-Ungarn, sein Oberhaupt Kaiser von Österreich und König von Ungarn. Freilich wird das Wort zuweilen immer noch in dem alten seit 1526 üblichen Sinn gebraucht, für alles Land, das der österreichischen Linie des Hauses Habsburg gehört, aber die Ungarn widersprechen diesem Brauch und haben dabei das Gesetz für sich: Ungarn ist seit 1867 von Rechts wegen nicht mehr österreichisch. Doch auch noch in einem andern Sinn wird das Wort Österreich seit 1867 zuweilen gebraucht, nämlich für den gesamten nicht ungarischen Teil des habsburgischen Reiches, in einem ganz neuen Sinn also. Es bedeutet jetzt weniger als von 1526 bis 1867, denn in dieser Zeit schloß Österreich auch Ungarn ein, das sich 1867 von ihm ausgeschlossen hat. Es bedeutet auch weniger als vor 1526 unter Kaiser Max, denn es bedeutet nicht mehr das ganze Land Habsburgs. Es bedeutet aber wieder mehr als zur Babenberger Zeit, denn es umfängt auch Böhmen mit Mähren und Schlesien, Kärnten und Krain, Tirol und Vorarlberg, Görz, die Bukowina, Galizien, Triest, Istrien und Dalmatien. Es bedeutet, was von Rechts wegen seit 1867 „die im Reichsrate vertretenen Königreiche und Länder" hieß. Und diese neue, seit 1867 erst allmählich aufkommende, bisher unrechtmäßige Bedeutung ist jetzt am 12. Oktober 1915 öffentlich beglaubigt worden, Österreich wird aus dem gemeinen Sprachgebrauch, in den es sich geflüchtet hatte, behutsam wieder hervorgeholt, wenn auch mit zugeschnittenem Sinn, es ist seit dem 12. Oktober 1915 der amtliche Name der bisher anonymen, im Reichsrat vertretenen Königreiche und Länder, für die man auch das schöne Wort Zisleithanien erfunden hatte. Der Teil des habsburgischen Reichs also, der den Reichsrat beschickt, heißt fortan Österreich, der zweite Teil heißt Ungarn. Und was mit dem dritten Teil, mit Bosnien und der Herzegowina, geschehen soll, wohin er gehören wird, welchen Platz er im Reich hat, bleibt noch ungewiß. Wenn von Österreich gesprochen wird, muß man also immer erst fragen, von welchem Österreich. Mancher schlägt an seine Brust und beteuert, Gott sei Dank noch ein guter Österreicher zu sein, aber für ihn heißt das, daß er den Dualismus nicht anerkennt: wenn er Österreich sagt, meint er das Österreich des Doktor Alexander Bach. Ein andrer wieder, der sich auch für einen guten Österreicher hält, wird 1867 anerkennen, aber daraus schließen, es müsse, was den Ungarn recht, auch für die andern billig sein: er hofft auf ein 1867 auch für Böhmen, und nicht bloß für Böhmen, sondern für alle geschichtlichen Persönlichkeiten Österreichs, womit denn das föderalistische Österreich des Oktoberdiploms von 1860 auf eine höhere Art erfüllt würde. Weiß man nun schon nie recht, welches Österreich einer meint und was er für österreichisch hält, so wird es noch schwerer, sich eine rechte Vorstellung zu machen, wenn ein Volk oder eine Partei in den Verdacht kommt, unösterreichisch zu sein. Dieser Verdacht geht immer von den Zentralisten aus, einer Partei, die zehn Jahre lang geherrscht hat, unfähig war, ihr Österreich, ein ungeschichtliches bürokratisches, nur auf dem Papier vorhandenes Österreich, eine schlechte Kopie des napoleonischen Frankreichs, auszuführen, aber noch immer in den Kanzleien spukt. Ihr gilt alle Wirklichkeit für unösterreichisch, und sie glaubt noch heute, Geschichte lasse sich durch einen Federstrich beseitigen, das Leben der Völker auswischen, ein Staat erfinden.

Die drei Länder, durch deren Verbindung 1526 Österreich entsteht, der alte Besitz der österreichischen Linie Habsburgs, Ungarn und Böhmen, sind alle drei zu jener Zeit, wenn auch nicht ausgereifte, doch schon aufgeblühte Persönlichkeiten. Es fehlt ihnen zur vollen Entfaltung und Befruchtung nur noch eine wärmere Sonne.

Diesen Sonnenblick erhoffen sie von Österreich. Es soll jedes bewahren und erst vollenden. Jedem Volke soll, was es mitgebracht hat, unversehrt bleiben, aber dann noch etwas zugebracht werden, das es selbst aus eigner Kraft nicht vermag und wodurch es noch über sich hinaus, aber auch erst im höchsten Sinne vollends zu sich selbst kommt. Daß nach furchtbaren Störungen alle seine Völker noch immer diesen Glauben an Österreich haben, macht es unbezwinglich. Daß dieser Glaube noch immer nicht bewußt erfüllt worden ist, macht es immer wieder an sich selber irre. Unsre Not ist: der Österreicher hat ein Vaterland, aber keinen Staat. Dieser Verein vieler Völker ist kein Staat geworden, sondern ein Staatenbund geblieben, den der unerlöste Drang quält, ein Bundesstaat zu werden. Unter Kaiser Franz sprach man von den K. und K. Staaten: der Ausdruck, der jetzt amtlich nicht mehr gebraucht wird, gilt noch heute. Der Österreicher fühlt sich unmittelbar nicht als Österreicher, er ist es immer erst im zweiten Grade. Fragt man ihn, was er sei, so wird er zunächst antworten: Tiroler oder Salzburger oder Steirer. Indem er Tiroler, Salzburger oder Steirer ist, ist er ja natürlich auch Österreicher, das glaubt er gar nicht erst sagen zu müssen. In jeder Gefahr Österreichs steht er für Österreich ein, denn damit steht er ja für sein Tirol, sein Salzburg, seine Steiermark ein. Und er will Österreich stark, so stark als nur möglich, weil, je stärker Österreich ist, desto stärker auch Tirol, Salzburg, Steiermark wird. Ja man muß das auch noch so sagen: er will Österreich stark, so stark als möglich, wenn, je stärker Österreich ist, desto stärker auch Tirol, Salzburg, Steiermark wird. Der Tiroler, der Salzburger, der Steirer will Österreich stark, zum Vorteil Tirols, Salzburgs, Steiermarks, jeder zum Vorteil seines Landes. Wenn man ihn aber fragt, ob er es allenfalls auch stark auf Kosten seines Landes wollte, da wird er schwanken, mit der Antwort zögern und eigentlich im Grunde die Frage gar nicht verstehen. Jedes unsrer Länder hat zuweilen Augenblicke dieses ratlosen Schwankens, dieses ungewissen Zögerns, dieses tiefen Unverstehens, und sie sind schuld, daß der Staatenbund Österreich noch immer kein Bundesstaat ist. Er ist es, sobald jedes der Länder sich sicher weiß, an seiner eigenen Persönlichkeit unversehrt zu bleiben, zu jedem andern Opfer ist es dann bereit. Ungarn weiß sich jetzt sicher. Kann man es den andern verdenken, wenn auch sie dieselbe Sicherheit fordern? Ungarn mißversteht die andern: sie wollen nichts gegen Ungarn, sie wollen nur auch für sich dasselbe, auch sie bestehen auf ihrer ererbten Persönlichkeit. Auch der Zentralismus hat sie mißverstanden. Solange noch ein einziger Tiroler, ein einziger Salzburger lebt, wird es niemals gelingen, die gefürstete Grafschaft Tirol oder das Herzogtum Salzburg in ein wesenloses Departement abzusetzen. Und wenn alle Tiroler, alle Salzburger erschlagen wären und es gelänge, dann wären zwei Departements da, aber Österreich nicht mehr, kein wirkliches Österreich mehr, das Österreich nicht mehr, das die Baumkrone seiner Länder ist.

Jedem der österreichischen Länder ist sein eignes Gesetz eingeboren, das aber keines aus seiner Kraft erfüllen kann, jedes braucht dazu die Gemeinschaft mit den andern. Aber auch diese Gemeinschaft aller hat nun wieder ihr eignes Leben, ihr eignes Amt, ihr eignes Gesetz. Jedes Land wirkt auf das Reich, seine Bewegung teilt sich sogleich dem Ganzen mit, und das Reich wirkt wieder auf jedes Land zurück, seine Bewegung läuft in allen Gliedern durch. Jede Veränderung, hier oder dort, muß sogleich das Reich wie jedes Land verändern, jedes Land wird von Österreich regiert und Österreich wird von jedem seiner Länder regiert. Österreich muß sozusagen jeden Tag alle seine Länder wieder aufs neue verdauen und jedes seiner Länder muß jeden Tag Österreich erst wieder verdauen. Diese Verdauung geschieht nicht ohne Beschwerden. Sie sind geringer in den Ländern, die sich ihr ungestört widmen können, in den Ländern von geschlossener Persönlichkeit. Ärger sind sie, wo die Persönlichkeit des Landes selber noch uneins ist. Auch wenn es ganz deutsch oder rein tschechisch wäre, hätte Böhmen seine Beschwerden mit Österreich, Anfälle jenes Schwankens, jenes Zögerns, jener ratlosen Angst um sich selbst. Solche Anfälle hat jeder der K. und K. Staaten immer wieder, gar in Augenblicken raschen innern Wachstums, in den größten Augenblicken Österreichs gerade, und jeder wird dann dem Hofrat, der ja niemals wächst, zuweilen wieder verdächtig, unösterreichisch zu sein, die besten Männer aller unsrer Länder werden stets bei Gelegenheit einmal zu Hochverrätern ernannt. Aber Böhmen ist weder rein deutsch noch rein tschechisch, und die böhmischen Deutschen sind nicht stark genug, die Tschechen zu vertilgen, noch die böhmischen Tschechen stark genug, die Deutschen zu vertilgen. So verfitzt sich in Böhmen die allgemeine österreichische Frage noch mit einer besondern nationalen. Während Tirol, was immer Österreich von ihm fordert, nur das eine fragt, ob es nicht etwa Tirol schaden könnte, fragen in Böhmen Deutsche wie Tschechen zunächst, nicht ob es Böhmen schadet, nicht, was das Land, sondern was jede der beiden Nationen im Lande davon hat und ob es irgendwie für die Macht der eignen Nation über Böhmen benützt werden kann. Der Kampf um die Herrschaft im Lande wird ins Reich getragen, wird im Reich ausgetragen. Beide sind unböhmisch: den Deutschen wie den Tschechen gilt die eigne Nation mehr als das gemeinsame Land. Und so sind beide unösterreichisch: denn Österreich steht ja seinen Ländern nicht gegenüber; es ersteht erst aus ihnen, es ist bloß in ihnen, durch sie, an ihnen erst da.

Ja noch mehr. Da jede der beiden böhmischen Nationen zu stark ist, um sich von der andern unterdrücken zu lassen, und keine so stark, die andre unterdrücken zu können, sehen sie sich um Hilfe um und blicken erst ins Reich, bald aber auch über die Grenzen. Der innere Streit, schon aus dem Land ins Reich gebracht, geht noch ins Ausland, der böhmische Deutsche erinnert sich der starken Brüder über den Bergen, es beginnt die Los-von-Rom-Bewegung, und der Tscheche wird Panslawist, die großslawische Romantik ergreift ihn, aus dem böhmischen Wortwechsel scheint eine europäische Gefahr zu werden.

Es scheint bloß. Der Krieg hat gezeigt, daß es bloß so schien. Der Krieg hat auch hier die Wahrheit erbracht.

Die Wahrheit ist, daß es tief im Innern jeder der beiden böhmischen Nationen, der deutschen wie der tschechischen, noch ein Gebiet gibt, das keiner Nation gehört. Im Herzen beider Nationen, der deutschen wie der tschechischen, steckt das alte böhmische Volk. Das Herz Böhmens schlägt gut böhmisch, und wer Böhmen gut böhmisch regiert, hätte die Deutschen und die Tschechen alle für sich. Der verleumdete Franz Thun war schon fast so weit, als er von den „Politikern" niedergemacht wurde. Das Unglück, aber auch wieder das Glück der böhmischen Politik, sind die „Politiker". Schon Taaffe hat sich über die „gelernten Deutschböhmen" erbost, und es gibt auch gelernte „Tschechischböhmen", sie sind einander wert. Es ist hier und dort immer derselbe Schlag von entwurzelten, geistig verlaufenen, der Klasse, der ihre Geburt sie zuweist, entsprungenen, aber in keiner andern zugelassenen, schließlich nirgends mehr heimischen, zu rasch gebildeten und in der Bildung noch nicht akklimatisierten, ratlosen, bei aller äußeren Anmaßung innerlich ganz unsicheren, Lärm schlagenden, um sich Mut zu machen, und weil sie doch keinen haben, ihre Furcht im Alkohol unverstandener und unempfundener Tiraden betäubenden, im Gefühl ihres eigenen Unwertes, damit sie, wenn es morgen mit ihnen aus sein wird, doch nicht betteln gehen müssen, aufs Geschäft losstürzenden, nach Profit gierigen, selbst verratenen und alles verratenden, ganz an den Augenblick, den unmittelbaren Erfolg, den nächsten Gewinn verkauften und sich vor der hereinbrechenden Sintflut geschwind noch die Taschen stopfenden trostlosen „Westlern", ein Schlag, der übrigens überall in Österreich spukt, auch in Triest, Görz und Trient, auch in Ungarn, aber in Böhmen die Herrschaft über die Tagespolitik beider Nationen an sich gerissen hat. Das Unglück ist, daß das Volk beider Nationen dazu schweigt, so daß bisweilen ganz Böhmen, das deutsche wie das tschechische, nur noch aus diesen Westlern zu bestehen scheint. Das Glück ist, daß man nur die Courage haben muß, ihnen das Maul zu stopfen und das Volk, das deutsche und das tschechische Volk anzurufen, und Böhmen ist erlöst. Ihr ganzer Spuk zerstiebt, wenn Böhmen wieder böhmisch regiert wird. Aber das will der Hofrat nicht. Der Hofrat hält's überall mit den Westlern beider Nationen. Er hat die Westler großgefüttert. Die Westler sind in Böhmen aufs Staatskosten gezüchtet worden, bei den Deutschen wie bei den Tschechen. Der Alldeutsche wie der Russenfreünd war seit Jahren der Hintertreppengast des Hofrats. Weil der Hofrat ja kein starkes Böhmen will. Weil der Hofrat Böhmen schwächen will. Weil dem Hofrat kein Preis zu hoch ist, wenn nur Böhmen verhindert wird. Weil der Hofrat gehofft hat, Böhmen durch den nationalen Kampf zu zersetzen. Weil der Hofrat ein aufgeriebenes Böhmen braucht. Denn erst wenn aus dem geschichtlichen vielgestalten Österreich ein einziger formloser dicker Brei geworden ist, kann das hofrätliche Österreich der Departements entstehen, in dem jedes Land nur noch eine Nummer wäre, das Ideal des Bürokraten.

Nun hat aber dieser Krieg gleich im Anfang dem Hofrat ein Ende gemacht. Das erste war, daß das

Österreich, das es nur auf dem Papier gibt, das Österreich der Liberalen, der Bürokraten, der Zentralisten, dieses verdünnte, zur Ader gelassene, außer Kraft gesetzte Österreich verschwand. Und es stand ein Österreich, das nicht auf dem Papier steht, auf, das wahre, zur Verblüffung, zum Entsetzen der Feinde. Der Zerfall Österreichs auf den ersten Anhauch schien doch ein ganz sicherer Posten in ihrer Rechnung gegen Deutschland. Man glaubte Österreich doch zu kennen! Aber was man kannte, war das Österreich des Hofrats, diese Falschmeldung, nicht das wirkliche. Und der Hofrat machte sich schon in der Mobilisierung aus dem Staube. Das wahre Österreich erschien, das in seinen Gemeinden wurzelnde, in seinen Ländern wirkende, das immer erscheint, wenn der Kaiser ruft. Und alle Wahrsager hatten falsch gesagt und alle Schwarzseher trüb gesehen, alle Furcht wurde zuschanden, und es ging auf einmal alles, seit der Hofrat gegangen war, dem Soldaten weichend, denn mit dem Hofrat war auf einmal auch die Schlamperei weg, und die Unzuverlässigkeit, die Unpünktlichkeit, die Unaufrichtigkeit, der Schlendrian, der Unmut, Kleinmut, Mißmut, das Nörgeln und das ewige Raunzen und die Verzagtheit, Verbohrtheit und Verdrossenheit, lauter Eigenschaften des hämorrhoiden Kanzlisten, die sich von ihm mit der Zeit auf das ganze, von ihm beherrschte Österreich übertragen hatten. Er verschwand, als der Kaiser rief, und Österreich erschien auf des Kaisers Ruf. In seinen Heeren ist Österreich.

Mit dem Hofrat verschwand aber auch sein Freund: der Nationalist. Dieser Krieg ist vom Nationalismus angezettelt, und überall ist aber in diesem Krieg der Nationalismus ausgetilgt worden, selbst in den Nationalstaaten ist der Staat überall der Nation über den Kopf gewachsen, ja noch mehr: es reicht auch der alte Staatsgedanke nicht mehr, der Staatsgedanke dehnt sich unwillkürlich zum Bundesgedanken aus: die Staaten verwachsen zu (wie Kralik es neulich wunderschön formuliert hat) „unkündbaren ehelichen Bünden". Wir werden alle hergebrachten politischen Begriffe strecken müssen. Österreich kann das leicht, es muß dazu gar nicht erst umlernen, es hat sich bloß auf sich selbst zu besinnen. Seit der Krieg dieses einödige Schema des Nationalstaates gesprengt hat und den Völkern eine lebendigere, reichere, vielfältigere Form notwendig geworden ist, eine Form der Fülle, Form der Bewegung, Form der Vieleinigkeit, atmet Österreich auf. Denn damit hat die große Stunde für Österreich geschlagen. Der Nationalstaat wird vergessen, die Nationalisten werden verschwunden sein, und dann wird der Kaiser rufen und Böhmen wird wieder erscheinen in aller Zauberpracht und Zaubermacht seiner großen unvergänglichen Geschichte.

Diesen allgemeinen Betrachtungen mag ein Bericht folgen, den ich über meinen letzten Prager Aufenthalt an einen österreichischen Staatsmann erstattet habe:

Euer Exzellenz! Salzburg, 27. November 1915

Ich bin sehr froh, daß ich in Prag war, ich atme jetzt erst wieder auf, denn ich weiß jetzt, daß das alles nicht wahr ist, was man sich seit Wochen, seit Monaten ängstlich aufgeregt bei uns über Böhmen in die Ohren raunt. Es ist nicht wahr, daß Böhmen innerlich für Österreich verloren ist. Der Augenschein hat mir dargetan, daß es nicht wahr ist. Ich habe manches bittere Wort gegen Wien, Klagen über ungerechte oder maßlose Urteile der Gerichte, über den kein Verdienst verschonenden Argwohn der Behörden, Wutausbrüche gegen die deutschen Verdächtigungen und Verleumdungen der Tschechen anhören müssen, es ist mir nicht verhehlt worden, daß das tschechische Volk an diesem Kriege gegen seine slawischen Brüder nur notgedrungen aus österreichischem Pflichtgefühl teilnimmt, ich bin dem tiefsten Mißtrauen vor der Zukunft begegnet, einer flackernden Nervosität, einer namenlosen Angst, der Augenblick könnte von den Deutschen mißbraucht werden, das tschechische Volk um seine mühsam errungenen Rechte, ja das Land Böhmen völlig um seine Selbständigkeit bringen, aber dies alles läßt den Glauben an Österreich nicht wanken, in Österreich will das tschechische Volk seine nationalen Bedürfnisse erfüllen, auf Österreich hofft es und bleibt für Österreich bereit, wofern ihm nur kein Opfer seines eigenen Wesens, seiner geliebten Sprache, seiner wirtschaftlichen Entwicklung zugemutet wird. Was es fürchtet, jetzt mehr als je, ist, daß es germanisiert, aus dem Lande seiner Väter ein seelenloses Departement gemacht, seine ganze Geschichte zerstört werden soll. Diese Furcht fand ich überall, selbst bei einem so weisen, ehrwürdigen, schon fast verklärten Manne wie dem rührenden alten Mattusch, der noch an der Seite Palackys und Riegers stand, selbst bei einem so klugen, vereinsamten Gelehrten wie

Exzellenz Fiedler, dem österreichischen Minister. Aber Zeichen einer russischen Gesinnung fand ich nirgends. Auch unter den Anhängern, Schülern und Freunden Masaryks nicht, die ja vielmehr durchaus, um mit Dostojewski zu sprechen, „Westler" sind, also Europäer und, wie sie selbst ganz gut wissen, in Rußland unmögliche, für Rußland unerträgliche Menschen, eher gelegentlich mit französischen oder englischen Anwandlungen, meistens aber geradezu nach dem deutschen Geiste hin orientiert. Einer von ihnen, den ich fragte, für wen, wenn bei einer Teilung Österreichs Böhmen keine andre Wahl als entweder reichsdeutsch oder aber russisch zu werden hätte, das tschechische Volk sich entscheiden würde, für das Deutsche Reich oder für Rußland, gab mir, ohne zu zögern, zur Antwort: Dann natürlich immer noch lieber für Deutschland! Und ich möchte wetten, daß auf meine Frage kein Tscheche anders antworten wird. So sehr sich jeder Slawe, so stark er den geistigen oder eigentlich: den Gemütszusammenhang aller Slawen fühlt, gegen die Gefahr einer politischen Neigung zum heutigen Rußland sind die Tschechen immun. Ich könnte mir, wie paradox das auch klingen mag, eher vorstellen, daß sie, wenn sie sich von Wien in ihrem Volkstum bedroht, ihre geschichtlichen Rechte gefährdet glauben, vielleicht einmal der Gefahr einer politischen Neigung zu Deutschland erliegen. Es wäre nicht unmöglich, daß uns unsre zentralistischen Staatskünstler unter Umständen auch noch diese ja höchst österreichische Unwahrscheinlichkeit eines reichsdeutschen Irredentismus der Tschechen bescheren, dem es ja dabei schließlich an allerhand geschichtlichen

Berufungen, etwa auf die Zeit Karls IV., nicht fehlen würde. Für die Autonomie Böhmens ist dem Tschechen kein Preis zu hoch. Wenn Wien sie bedroht und Berlin sie verbürgt, so wird er nicht zögern. Das klingt wie ein schlechter Witz, aber mir fiel auf, wie sehr gerade tschechische Nationalisten das Deutsche Reich, die Ordnung, die Verwaltung, die Arbeitsmethoden, die Steuerkraft, das Bankwesen und den weltwirtschaftlichen Sinn der Deutschen bewundern. Die russischen Schwärmereien tschechischer Phantasten sind ungefährliche Romantik, das Interesse des tschechischen Geldes, der tschechischen Arbeit für die Weltwirtschaft des Deutschen Reiches könnte bei Gelegenheit gefährlich praktisch werden.

Ein so starkes, ehrgeiziges, unaufhaltsames, aber kleines, einsames und ganz auf sich selbst angewiesenes, in sich selbst eingeschränktes Volk wie das tschechische wird sich unwillkürlich einen großen geistigen Hintergrund suchen, es wird sich irgendwie nach außen projizieren, irgendwie draußen anknüpfen müssen. Österreich hätte dieser geistige Hintergrund allen seinen Völkern zu sein, der Anker ihrer Seelen, es hat aber von der Gelegenheit, dieses Bedürfnis für sich auszunützen, noch wenig Gebrauch gemacht und kann also seinen Völkern nicht verdenken, wenn sie sich nach einem Surrogat umsehen. Ich bin jetzt mehr als je der Überzeugung, daß der sogenannte Panslawismus der Tschechen wie unsrer Südslawen nichts als ein solches Surrogat ist, um jenes Bedürfnis nach einem Horizont, nach geistiger Weite, nach innerer Berührung mit der großen äußeren Welt irgendwie zu stillen oder doch abzufinden. Ein so starkes und dabei doch so kleines Volk erträgt das Gefühl nicht, isoliert zu sein. Auch die Deutschen Österreichs kommen ja mit Österreich allein innerlich nicht aus, ihr Vaterland muß größer sein, so nehmen sie sich noch Kant und die deutsche Philosophie, Goethe und Schiller, Bach und Wagner dazu. Was wir uns selbst erlauben, werden wir den andern Völkern Österreichs nicht wehren können. Dazu kommt noch, daß ja die Tschechen auf dem Balkan wie in Rußland an der Arbeit sind, industriell und finanziell; sie haben damit ein gut österreichisches Werk getan, das uns noch Frucht tragen wird. Jenes geistige Bedürfnis nach einem idealen Raum sozusagen und diese wirtschaftliche Verbindung mit dem Osten und dem Süden mußten zusammen eine slawische Stimmung zeitigen, die aber nur grober Unverstand oder böser Wille russophil nennen kann und die wohl auch immer nur unter den Intellektuellen bleibt, aber das Volk selbst noch kaum erreicht hat. Das Volk wird nur von seinem Gefühl für Autonomie beherrscht, von diesem aber freilich mit einer Leidenschaft, die fast etwas Heroisches hat, für sie zu jedem Opfer bereit, mit tierischer Wut ergrimmend, wenn es sie bedroht glaubt, ein lenksames Kind, wenn es sie gesichert weiß.

Aber je nach der Bildung, nach der politischen Denkart und nach dem Temperament des einzelnen nimmt dieser allen gemeinsame, die ganze Nation in ihren Höhen und Tiefen beherrschende Gedanke der Autonomie nun freilich die mannigfaltigsten Formen an.

Die meisten haben nur den Wunsch, den Kaiser zum König von Böhmen gekrönt zu sehen; dann trauen sie sich schon die Kraft zu, selbst Ordnung im Lande zu halten. Andre, durch das ungarische Beispiel zugleich beschämt und gereizt, wollen mehr: alles, was den Ungarn an Unabhängigkeit und Selbständigkeit zugestanden worden ist, glauben auch sie für sich ansprechen zu dürfen. Und endlich gibt es unter ihnen Schwärmer, die sich Österreich völlig als einen Staatenstaat denken oder als einen Völkerbundesstaat, worin jeder einzelne Teil sich seiner Geschichte, seinen Bedürfnissen, seiner Eigenart gemäß selbst bestimmt, um seine gesammelte Kraft dann dem Ganzen darzubringen. Ich weiß weder, ob der Gedanke eines solchen föderativen Österreichs, von dem manche tschechischen Schwärmer träumen, ausführbar ist, noch weiß ich, ob unsre Völker schon reif für ihn sind. Aber ich kann an ihm nichts finden, was unösterreichisch wäre. Im Gegenteil: dieser Gedanke denkt doch eigentlich bloß das Österreich von 1526 folgerichtig aus, übersetzt es nur in unsre Zeit und paßt es unsern veränderten politischen und wirtschaftlichen Bedürfnissen an. Und schließlich gilt doch auch für Staaten und Völker dasselbe Gesetz, dem jeder einzelne gehorchen muß, das Gesetz der inneren Unveränderlichkeit aller menschlichen Wesen, das Gesetz einer angeborenen, unsrer Willkür entrückten, sich an uns unaufhaltsam, mit uns oder gegen uns, erfüllenden Bestimmung, das in jenem orphischen Urwort Goethes verkündigt wird:

Wie an dem Tag, der dich der Welt verliehen,
Die Sonne stand zum Gruße der Planeten,
Bist alsobald und fort und fort gediehen,
Nach dem Gesetz, wonach du angetreten.
So mußt du sein, dir kannst du nicht entfliehen,
So sagten schon Sibyllen, so Propheten;
Und keine Zeit und keine Macht zerstückelt
Geprägte Form, die lebend sich entwickelt.

Und so hat es ja nicht viel Sinn, wenn wir uns auf dem Papier ein Österreich erfinden wollen, das einfacher, bequemer für den Beamten und handlicher wäre, denn dieses Österreich der Zentralisten ist doch immer bloß auf dem Papier geblieben, es wird immer Papier bleiben, es kann niemals das geschichtliche Österreich überwinden, wir werden immer fort und fort gedeihen nach dem Gesetz, wonach wir angetreten, nach dem Gesetz von 1526, so müssen wir sein, wir können uns nicht entfliehen, das Österreich Ferdinands I. wird immer stärker sein als das Österreich des Doktor Alexander Bach, das noch in unsern Hofräten spukt. Das Österreich des Doktor Alexander Bach war eine Übersetzung aus dem Französischen, es war der Versuch, ein napoleonisches Österreich zu machen, es war ganz unösterreichisch. Jene tschechischen Autonomisten aber, und selbst die Schwärmer unter ihnen, die Träumer von einem freien Bund ganz selbständiger, sich nach ihrer Eigenart selbst verwaltender und von allen Seiten her ihre entfalteten Kräfte dann um Habsburgs Thron versammelnder Völker, was wollen sie denn im Grunde als unser altes Österreich, so wie es unter Ferdinand I. entstanden und von Karl VI. besiegelt und vom Kaiser Franz zum eigenen

Kaisertum erhoben worden ist, nur in den reicheren, beweglicheren, unserm Willen, an der Weltwirtschaft teilzunehmen, angepaßten Formen dieser neuen Zeit? Und wen der „Staatenstaat" erschreckt, der erinnere sich doch, daß es unter Kaiser Franz Sitte war, amtlich von den „k. und k. Staaten" zu sprechen. Selbst jene Schwärmer unter den Autonomisten sind also keine verwegenen Neuerer, Österreich ist schon 1526 ein Staatenstaat gewesen und ist es in allen seinen großen Zeiten immer geblieben.

Wenn man darüber aber mit deutschen Böhmen spricht, die wenden nun freilich immer ein: Autonomie nennen es die Tschechen, und Rußland meinen sie damit! Ich muß gestehen: ich bin unfähig, mir vorzustellen, daß ein ganzes Volk geschlossen lüge, Mann für Mann und seit so vielen Jahren! Nehmen wir dies aber selbst an, so bleibt noch immer die Frage, ob Böhmen denn, selbst wenn es will, russisch werden kann. Räumt man dies ein, und also auch, daß Autonomie durch Mißbrauch ein Werkzeug dazu werden könnte, so wäre dieser Einwand gegen sie in der Tat stärker als alle Gründe für sie. Doch scheint es mir von vornherein unmöglich, daß Böhmen überhaupt jemals russisch wird, angenommen selbst, daß es russisch werden wollte. Nicht bloß seine Lage, nicht bloß seine ganze Geschichte verbietet es, sondern auch noch ebenso der wirtschaftliche wie der geistige Zustand des tschechischen Volkes. Seine Bourgeoisie, kaum fünfzig Jahre alt, aber rasch aufgeschossen und jetzt eben daran, in die Weltwirtschaft einzutreten, für die sie sich mit einer bewundernswerten

Energie gerüstet hat, weiß, daß ihr Platz nur an der Seite Deutschlands sein kann: ihr Weg zur Weltwirtschaft ist der deutsche, sie hat keinen andern und wenn sie ihn verläßt, zerstört sie sich. Der Geist des tschechischen Volkes aber, sein Glaube ist abendländisch. Die Tschechen sind Katholiken, wenn auch nicht alle von derselben Art: der eine Teil ist rein katholisch, im andern lebt unter der katholischen Form heute noch insgeheim der Hussit fort. Beide sind russisch unmöglich. Ich weiß gar nicht, welcher von beiden es mehr ist, der reine Katholik oder der versteckte Hussit. Die beiden Feinde, die damals in der Schlacht am Weißen Berge gegeneinanderstanden, wären gegen Rußland vereint. Solang es noch in Böhmen wirkliche Katholiken und wirkliche Hussiten gibt, kann Böhmen niemals russisch werden: das Herz Böhmens schlägt gegen Rußland. Erst müßte Böhmen ganz unkatholisch und unhussitisch, ein gottloser Haufen geworden oder Rußland müßte nicht mehr orthodox sein. Zwischen dem Rußland Dostojewskis und dem Böhmen des Hus und des heiligen Johannes von Nepomuk ist ein höllentiefer Abgrund. Nur entseelt könnten die beiden sich finden. Solange Böhmen aus Katholiken und Hussiten besteht, gibt es hier, und wäre das ganze Land mit Russen besetzt, kein Rußland. Es müßte erst jeder einzelne Katholik, jeder einzelne Hussit niedergemacht und ausgerottet werden, Mann für Mann. Es gibt für Böhmen keine russische Gefahr, seine ganze Geschichte feit es gegen sie.

Ich fürchte für Böhmen eine andre Gefahr. Die Tschechen können, was sie sind, an Leib und Seele, nur in Österreich sein. Sie finden kein andres Vaterland, auch wenn sie noch so sehr suchen. Nur muß sich dieses österreichische Vaterland aber auch von ihnen finden lassen. Was ich fürchte, ist das Mißtrauen gegen die Tschechen, nicht so sehr das Mißtrauen der Deutschen, als das ewige Mißtrauen der Bürokratie. Die Deutschen liegen jetzt mit den Tschechen in demselben Schützengraben beisammen, das ist die beste Schule der Verständigung; beide kommen heim, zu demselben starken Österreich bereit. Die Bürokratie aber, die leider in keinem Schützengraben liegt, hat noch immer nichts gelernt und, was schlimmer ist, noch nichts verlernt. Mißtrauen ist ihre Erbsünde. Sie schwelgt jetzt in Pauschalverdächtigungen Böhmens. Aber ungerechter Verdacht vergiftet ein Volk an seiner Seele. Selbst wenn es wahr wäre, daß einzelne Tschechen, durch den Widerspruch zwischen ihrem Pflichtgefühl für den eigenen Staat und ihrem Mitgefühl mit dem feindlichen Blutsfreunde verwirrt, an Österreich irre wurden, sollen diese Schuld die Millionen stocköſterreichischer Tschechen büßen, die, draußen im Felde wie daheim im Lande, treu für Österreich einstehen? Das wäre das größte Verbrechen, nicht bloß an Böhmen, sondern an Österreich selbst. Ja schon auch nur einen solchen Verdacht, als sollte jetzt die ganze Nation gewissermaßen disqualifiziert werden, in den Tschechen aufkommen zu lassen, wäre ein nicht mehr gut zu machendes Verbrechen an Österreich, voll Unheil für alle Zukunft. Jeder Tscheche, der bereit zu Österreich ist, muß Österreich offen finden, und wer von den Tschechen in einem Augenblick innerer

Verwirrung des Gefühls etwa irre an Österreich geworden wäre, muß an Österreich wieder glauben lernen dürfen, kein österreichisches Volk ist ja vor solchen furchtbaren Augenblicken sicher, auch wir deutschen Österreicher nicht, keines darf sich vermessen, die andern zu richten. Es gibt keine österreichische Politik als die des unerschütterlichen Vertrauens auf Österreich, der strengen Gerechtigkeit gegen alle seine Völker und des entschlossenen Willens, daß Österreich ihrer aller Vaterland werden muß, Vaterland an Leib und Seele.

2. Salzburg

(Zum hundertsten Jahrestag seiner Vereinigung mit Österreich)

Als an jenem wunderschönen ersten Mai des Jahres 1816 die Hessen-Homburg-Husaren in grünen Dolmans mit roten Tschakos durchs Linzer Tor einzogen, hinter ihnen vier Geschütze mit schwarz gestrichenen Lafetten, ein Bataillon Feldjäger und die Weißröcke des Infanterieregiments Froon, feierlich eingeholt von bayrischen Kürassieren, Jägern und dem Regiment Kronprinz, als dann in der ganzen Stadt die bayrischen Wachen von den Österreichern abgelöst wurden, an der Residenz das bayrische Wappen sank, der Doppeladler aufstieg, im Saale der bayrische Generalkommissär des Salzachkreises, Graf von Preising, den Verzicht Bayerns verlas und „Unsre bisher getreuen Lehensleute, Diener und Untertanen" von allen Lehens-, Dienstes- und Untertanspflichten feierlich und förmlich entband, darauf aber der Präsident des Erzherzogtums Österreich ob der Enns, Seine Exzellenz der Freiherr v. Hingenau, im Namen des Kaisers Franz I. vom Herzogtum Salzburg, mit Ausnahme der Pflegegerichte und Ämter Waging, Tittmoning, Teisendorf und Laufen, insoweit diese auf dem linken Ufer der Salzach und Saale gelegen sind, „auf ewige Zeiten" Besitz ergriff und nun vom Dom die Glocken klangen, vom Mönchsberg die Geschütze dröhnten und das Gott erhalte zum blauen Himmel schwoll, was mag in dieser Stunde, da, vor hundert Jahren, Salzburg wieder kaiserlich wurde, der Salzburger Bürger empfunden haben? Das ist so leicht nicht zu sagen, denn es wird ihm selber damals nicht gleich ganz klar gewesen sein. Er kam ja schon gar nicht mehr zur Besinnung, der Atem ging ihm aus, denn seit im Winter 1800 die Franzosen einmarschiert waren, flog ja sein armes Land immer wieder aus einer Hand in die andre! 1802 war es säkularisiert, durch den Pariser Vertrag dem Erzherzog Ferdinand als Entschädigung für Toskana zugesprochen, doch drei Jahre später an Österreich, 1809 im Wiener Frieden an Napoleon gewiesen, von diesem aber schon das Jahr darauf Bayern zugeteilt worden. Das ging so rasch, daß, wer darauf hielt, stets ein richtiger Patriot zu sein, kaum mehr damit Schritt hielt; er hatte sich eben erst an die neue Gesinnung gewöhnt, als sie stets schon wieder nicht mehr die richtige war und er sie wieder wechseln, wieder aus der alten Haut in eine neue fahren mußte. Und immer hieß es dabei „auf ewige Zeiten", und immer war doch diese Ewigkeit wieder so kurz gewesen! Wie lange wird sie wohl diesmal wieder währen? So mochte mancher bang in seinem Herzen fragen und im stillen wehmütig der guten alten Zeit gedenken, als sein Salzburg noch bischöflich war, ein kleines, still für sich, aber auf eigene Faust lebendes, selbst sich bestimmendes, mit eigener Hand sein Schicksal selbst bereitendes, auf der eigenen Kraft ruhendes, freies Land. Und jetzt tritt es in ein fernes, so großes, altes, mächtiges, von so vielen ihm fremden Völkern starrendes Reich ein! Wie wird's ihm da ergehen? Wird es nicht darin verschwinden? Wird es sich behaupten können? Wird es nicht verschlungen werden? Was wird nach ein paar Jahren von seiner alten Eigenart, von seiner stolzen Geschichte, von der Väter treu gehegten Sitten, von aller liebgewordenen Gewohnheit, vom ganzen Erbe seiner ehrwürdigen Vergangenheit noch übriggeblieben sein? So mochte sich damals der Salzburger Bürger sinnend fragen, zugleich von den Verheißungen des neuen, unermeßlich weiten Vaterlands geheimnisvoll angelockt, aber auch wieder durch eine Stimme ratloser Angst argwöhnisch abgemahnt. Es wird ihm nicht leicht geworden sein, selbst sein eigenes Gefühl recht zu verstehen.

Der Salzburger hat damals an sich erlebt, was jedes der vielen österreichischen Völker einmal erlebt. Jedes der österreichischen Völker muß erst durch diesen Zweifel an Österreich durch, es muß einmal gewählt haben zwischen der Furcht vor Österreich und der Hoffnung auf Österreich, es muß sich frei zum Glauben an Österreich entschieden, es muß sich um seiner selbst willen zu Österreich entschlossen haben. Jener Augenblick des Zögerns, der bangen Furcht, vergewaltigt zu werden, des tiefen Argwohns, sich selbst zu verlieren, ist noch keinem der österreichischen Völker erspart geblieben. Und erst wenn es diesen Augenblick redlich bestanden, wenn es die leisen Abmahnungen beherzt überwunden, wenn es in sich, durch ein ahnendes, hellsehendes, der Gegenwart enteilendes Vorgefühl seiner wahren Bestimmung, seiner inneren Sendung, seiner geschichtlichen Berufung die Kraft gefunden hat, sich Österreich zum Opfer darzubringen, in einer plötzlichen, ihm selber kaum recht begreiflichen, aber berauschenden Erkenntnis der erlauchten Größe, Macht und Würde Österreichs, dann erst ist es sozusagen österreichisch getauft. Man mißbraucht dieses geweihte Wort nicht, wenn man es auf das tiefe Geheimnis anwendet, das diese vielen Völker an Österreich bindet. Denn ein Geheimnis, keinem Verstande jemals, sondern nur der lauschenden Empfindung erreichbar, ist es, daß Österreich die magische Kraft hat, allen Völkern, die sich ihm anvertrauen, ihre Eigenart zu lassen, die sie mitbringen, ihre Persönlichkeit zu schonen, die sie darbieten, ihre Geschichte aufzunehmen, die sie nicht abgeben wollen, ja mehr noch: daß es die Kraft hat, eben diese Eigenart, eben diese Persönlichkeit, eben diese Geschichte, die es von jedem seiner Völker empfängt, nicht bloß zu bewahren, sondern an sich erst zur vollen Entfaltung zu führen, zur Erfüllung, zur Vollendung, so daß schließlich jedes österreichische Volk, wenn es dann einmal von Österreich aus auf seine voröſterreichische Geschichte zurückblickt, aufatmend eingestehen muß, doch in Österreich, an Österreich, durch Österreich erst sich selber gefunden und seines eigenen Wesens tiefsten Sinn, letztes Ziel erkannt und erreicht zu haben, in Österreich, an Österreich, durch Österreich erst ganz zu sich gekommen zu sein, und noch über sich empor!

So hat auch der Salzburger am eigenen Leibe bald erfahren, daß Österreich Raum für alle seine Völker hat und jedes nach eigenem Sinn gedeihen läßt. Er ist der alten, aus großer Zeit überlieferten Stammesart in der neuen Lebensform treu geblieben, und je tiefer er in Österreich einwuchs, mit Österreich verwuchs, desto kräftiger ist er erst seiner selbst bewußt geworden. Auch heute noch fühlt sich der Salzburger, ganz wie der Tiroler, Oberösterreicher oder Steirer, als ein ureigenes, durch seine besondere Geschichte gezeichnetes, an seinen überlieferten Merkmalen auf den ersten Blick erkennbares Geschöpf, ja sozusagen als ein Unikum, das er bleiben will, das er bleiben soll, ganz wie der Tiroler, der Oberösterreicher, der Steirer und alle die andern Stämme Österreichs auch, jeder an dem ihm zugewiesenen Platz den ihm angewiesenen Dienst verrichtend mit seiner ihm verliehenen Kraft auf die ganz besondere Art, die ihm Gott gegeben hat, auf daß im wetteifernden Ehrgeiz aller dereinst unser gemeinsames Vaterland jene „Harmonie des Vielen in der Einheit" werde, die schon der heilige Augustinus verkündigt hat.

Der Österreicher

Jetzt erblickt der Österreicher zum erstenmal sich selbst, den er ja bisher gar nicht gekannt hat, als höchstens vom Hörensagen. Er war gewohnt, den guten oder üblen Ruf, in dem er stand, hinzunehmen, ja selber anzunehmen, als wenn es ein Urteil wäre, gegen das man nicht berufen kann. An wen auch? Denn um sich dagegen auf sich selbst zu berufen, hätte er doch erst seiner selbst gewiß sein müssen, und das war er ja seit der barocken Zeit nicht mehr. Er suchte sich seitdem in einem fort; aber dort, wo er sich suchte, im Spiegel der öffentlichen Meinung, war nichts von ihm zu finden. Seine eigene Unsicherheit, der Wunsch zu gefallen, die Wehleidigkeit gegen Tadel oder gar Spott, der Ehrgeiz, Eindruck zu machen, das Bedürfnis nach Applaus ließen ihn nicht zu sich kommen. Wir waren ein Volk, das gewissermaßen immer auf der Bühne stand, ins Publikum schielend, vor Neugierde, was Europa zu uns sagen wird, und geneigt, es ihm zu glauben. Und erst als das nun nicht mehr möglich war, weil wir uns vor allem unsrer Haut zu wehren hatten, und auch schon deshalb nicht, weil auf einmal Europa nicht mehr da war, blieb uns nichts mehr übrig, als nun zu zeigen, wie wir sind. Und es erstaunten alle über uns, am meisten aber wir selbst.

Wie kommt es, daß wir immer nur in der letzten Not erst den Mut zu uns finden?

Österreicher sind zusammengesetzte Wesen. Ein Österreicher ist ein Deutscher oder ein Kroate, Serbe, Pole, Ruthene, Tscheche, Slowak, aber dieser Deutsche, dieser Slowak ist nicht bloß ein Deutscher, nicht bloß ein Slowak, sondern noch etwas dazu, nämlich etwas, was ihm eben dadurch, daß sein Volk seit Jahrhunderten mit andern Völkern, in andern Völkern und bald für, bald gegen sie lebt, ihr Schicksal teilt und daran sein eigenes Schicksal formt, zugewachsen ist, eben durch diese Art von unbewußtem geistigen Konnubium oder zuweilen auch im bewußten Widerstand dagegen, durch einen unausgesetzten, aber dabei stets die Farbe wechselnden inneren Verkehr, in dem sich schließlich Haß von Liebe kaum mehr unterscheiden läßt und überhaupt das Gefühl, so stark es ist, sich meistens gar nicht zu nennen weiß, ja um so weniger, je stärker es ist. Diesen Zuwachs oder Zusatz, dieses erst ganz unerklärliche, ratlose Plus in seinem Wesen muß der österreichische Deutsche wie der österreichische Slawe ja von seinem eigenen Volk aus, von seiner angestammten nationalen Eigenart aus, für sein deutsches oder slawisches Gefühl, zunächst als störend empfinden, er wird dadurch ja national gehemmt, er fühlt sich national geschwächt, er fürchtet, dadurch national bedroht zu sein. Jedem österreichischen Volk wird immer zuweilen angst vor Österreich, nämlich vor dem Österreich in der eigenen Brust, das es dann um so schwerer hat, sich gegen dieses Mißtrauen zu wehren, weil der nationale Teil des Österreichers ja stets über die Beredsamkeit eines ganzen Volkes verfügt, der österreichische Teil aber stumm bleibt. Österreich ist ja noch nie formuliert worden, es hat keine Sprache, es kann sich nur durch Musik und die bildende Kunst oder unmittelbar durch die Tat verständigen, also für das Auge, für das Ohr und für den inneren Sinn allein; aber durch Reden und vor dem Verstande läßt sich sein Geheimnis nicht beglaubigen. In der Kunst, in der Tat und in der Not erscheint es erst, nur dem Künstler, dem Helden und in Augenblicken der Gefahr ist Österreich gewiß. Dann empfindet nämlich auch der nationale Teil des Österreichers sich auf einmal durch jenen merkwürdigen Zuwachs oder Zusatz nicht mehr gehemmt, sondern bestärkt und erhöht. Der österreichische Deutsche fühlt dann, daß er zwar anders deutsch ist als die übrigen Deutschen, aber darum nicht weniger deutsch und nicht schlechter deutsch, sondern auf eine Art deutsch, durch die das ganze Deutschtum reicher wird, die das Deutschtum nun gar nicht mehr entbehren könnte, die sich aus ihm gar nicht mehr wegdenken läßt, um die es schade, deren Verlust unersetzlich wäre. Und auch die andern Nationen Österreichs alle fühlen das. Sie fühlen alle, daß ihnen allen Österreich eine nationale Notwendigkeit ist. Sie fühlen das und sind nur aber in Verlegenheit, es auszusprechen, weil das politische Vokabular unsrer Zeit nicht die Worte dafür hat, denn es ist ein Vokabular zum Gebrauch in Nationalstaaten.

Wenn Nationalgefühl zu räsonieren beginnt, stößt es zunächst auf den Nationalstaat. Der ist für den Verstand die bequemste Art, des Nationalgefühls Herr zu werden. Wenn der Verstand aber eines Gefühls Herr zu werden sucht, verfärbt es sich. Ein Gefühl, das zu vernünfteln anfängt, wird bleichsüchtig, der Verstand hat dürre Hände: was sie begreifen, verwelkt. Was sich begreifen läßt, ist kein Geheimnis mehr. Aber ein Gefühl, das kein Geheimnis mehr enthält, hat keine Kraft mehr. Starken Völkern ist darum der Nationalstaat eigentlich auch immer nur ein Argument; es wirkt gut in Diskussionen, am besten solange das Nationalgefühl noch unerfüllt ist. Sobald es erfüllt wird, hält es sich meistens bei diesem eben noch so hoch und teuer beschworenen Begriff nicht mehr lange auf. Sobald der Nationalstaat da ist, ist er schon meistens keiner mehr, oder er hat nichts Eiligeres zu tun, als sogleich über sich hinwegzukommen. Es zeigt sich sogleich, daß er dem Nationalgefühl nicht genügen kann. Ein geschlossenes Volk ist nur in Gedanken möglich, nicht in Wirklichkeit, weil Wirklichkeit lebt, weil Leben wächst, weil ein wachsendes Volk den Verschluß sprengt. Der Nationalstaat dient immer bloß dazu, die geeinte Nation so zu verdichten, daß die Spannung schließlich unerträglich wird, sich entladen muß und losgeht. Es gehört zum Wesen des Nationalstaats, daß er niemals „saturiert" sein kann, sondern eben in dem Augenblick, wo er es scheint, aus innerer Notwehr zum Angreifer wird. Der Nationalstaat hat keinen Ausweg als in den Imperialismus. Er kann es nicht vermeiden, im gegebenen Augenblick weltpolitisch zu werden, und indem er es wird, hebt er sich selber auf. Stehen sich erst einmal lauter weltpolitische Imperien gegenüber, so gibt es keinen Nationalstaat mehr. Denn die Nation eines jeden, genötigt, sich auf andre Nationen zu beziehen, mit ihnen zu hausen, sie sich und sich ihnen anzupassen, muß dann, ob sie will oder nicht, wissentlich oder unwissentlich, jenes seelische Konnubium erleben, das bisher immer ein besonderes Problem Österreichs war.

Das österreichische Problem wird jetzt auf einmal allen Völkern Europas gestellt. Die Nationalstaaten, durch das Gesetz ihrer Entwicklung zur Weltpolitik gedrängt, Imperien geworden, entweder offen oder versteckt, entweder Zwangsimperien oder freie, können ihre Nation dann nicht mehr vor den Verwandlungen des Willens, der inneren Schichtung, der geistigen Haltung bewahren, die sich in jeder Symbiose von Völkern ergeben, sie sei nun die gewaltsame des Herrenvolkes mit Heloten oder irgendeine auf Lehenspflicht. Um die Grenzen der neuen Imperien geht ja dieser Krieg. Stellen wir uns aber gar noch vor, daß ja die neuen Imperien sich dann auch wieder nicht mehr voreinander verschließen können werden, daß auch sie wieder miteinander verkehren und aufeinander einwirken müssen, ja daß, da jedes Imperium Nationen enthalten wird, von denen andre Teile wieder in andre Imperien versprengt sind, jedem Imperium eine Teile des andern anziehende Gewalt einwohnen wird, so daß sich jedes von einer Gewitterzone von durcheinanderflutenden, bald feindlichen, bald verbindenden Elektrizitäten umgeben fühlt, dann hätten wir ein Europa, das ja dann sozusagen nur ein größeres Österreich wäre. Und so sieht sich der Österreicher, der in der Zeit der Nationalstaaten schon glauben mußte, veraltet, von der Entwicklung überholt und mit seiner unbrauchbar gewordenen Form ausgeschaltet zu sein, jetzt auf einmal wieder in den Vordergrund gedrängt, und wenn er seiner Neigung, Wahrheiten auf eine so unwahrscheinliche Art auszudrücken, daß sie zu schlechten Witzen werden, nachgibt, mag er getrost sagen, daß ja jetzt in einem gewissen Sinn Europa nichts übrigbleiben wird als österreichisch zu werden (was übrigens, aus dem Zusammenhang gerissen und mit der gehörigen Entrüstung zitiert, sich in einer feindlichen Zeitung gut ausnehmen müßte!).

Der Österreicher, welcher Nation immer, ist, in seinen gelungenen Exemplaren, die allerdings sehr selten sind, ein Entwurf, gewissermaßen ein erster Versuch des Europäers. (Womit auch vielleicht zusammenhängt, daß ja die größten Österreicher, die österreichischsten Österreicher fast alle keine sind, wie Parazelsus aus Einsiedeln, Abraham a Santa Clara aus Baden, Prinz Eugen der edle Ritter von Savoyen, Mozart aus dem damals noch nicht österreichischen Salzburg, Metternich aus Koblenz.) Sonst kommt ja der Europäer bisher nur als Idee vor, als Wunsch, als Intention, bei Schwärmern, vom eigenen Volk Enttäuschten, aus dem eigenen Land geistig Verbannten, oder höchstens allenfalls als Privatunternehmen auf eigene Faust, wie Stendhal, Turgeniew, Chopin. Nur in Österreich gab es immer schon einen ganzen Kreis von Menschen, die, erbgesessen und keineswegs innerlich landflüchtig, stark an Heimat, festgewurzelt, sowenig sie geneigt oder auch nur fähig sind, eine andre als die österreichische Luft zu atmen, dennoch auf eine geheimnisvolle Art geistig über ihr Volk, über ihren Staat, ja über sich selbst hinaus und gewissermaßen daheim, zugleich aber auch noch in einer andern Welt leben. Dieses seltsame innere Doppelleben läßt sich kaum beschreiben. Wer aber einmal Gelegenheit hatte, mit unserm Adel oder mit österreichischen Geistlichen zu verkehren, kennt es. Sie sind nicht international, dieses Wort paßt auf sie gar nicht, sie sind ganz unverwaschen und unverwischt, Stocköſterreicher, auf den ersten Blick, beim ersten Wort, ja schon an ihrer Haltung und jeder Gebärde kenntlich, aber ohne darauf zu pochen, ohne mit ihrer Landesart stramm zu stehen, auffällig national, aber unwillkürlich und unabsichtlich, eher fast selbst darüber ein wenig ärgerlich, ja sich darüber bei sich mokierend, und sie sind zu dem, was sie sind, immer noch auch etwas andres, sie sind mehr, als sie von Grund aus sind, oder sie sind es in einer Beleuchtung, die, was sie sind, anders erscheinen läßt, als man es gewöhnt ist. Sie sind Deutsche, Tschechen, Kroaten, aber von den andern Nationen beleuchtet, mit denen sie leben, und in diesem Lichte sieht das Deutsche, das Slawische anders aus, es wird beweglicher, flüssiger, es hat keine Schwere mehr, es wird sublimiert, es ist mehr sozusagen nur noch ein Abglanz von sich selbst. Daher auch, was man ja nicht verschweigen darf, die Gefahr, in der solche Menschen leicht sind, sie zu verflüchtigen: sie steigen leicht zu hoch und der Wind weht sie weg, nicht gleich, aber doch in der zweiten oder dritten Generation; gerade vom Stocköſterreicher ist manchmal im Enkel schon nichts mehr übrig als die bloße Form. Auch in den Imperien wird man ja daran denken müssen, sich davor zu schützen.

Wenn nach dem Kriege der Staatsdeutsche jetzt zum Weltdeutschen wird, muß er sich beizeiten vorsehen, national gut verankert zu sein. Er hat am Österreicher überall ein warnendes Beispiel. Denn überall steht dem Deutschen, wenn er sich jetzt in der Welt einrichten wird, im großen bevor, was der Österreicher in seinem Hause seit Jahrhunderten erlebt hat. Unsre österreichische Geschichte ist ein Anschauungsunterricht im deutschen Umgang mit andern Völkern, und der Weltdeutsche, den diese Zeit verlangt, wird nicht umhin können, ein vergrößerter Österreicher zu sein, hoffentlich stark und gut vergrößert. Das hätten wir uns auch nie träumen lassen, daß wir noch einmal Lehrmeister werden, die Lehrmeister, Tanzmeister Europas.

Wien und Berlin

1. Merk's Wien

Durch diesen Krieg sind wir aus bloßen Zuschauern Europas, womit wir uns über ein Menschenalter begnügt hatten, endlich wieder Teilnehmer geworden: wir tun jetzt wieder mit. Auch wenn der Friede gekommen sein wird? Das hängt bloß davon ab, welche Figur wir dann in der Weltwirtschaft machen werden. An ihr wird ja dann jeder der Sieger nach seiner Brauchbarkeit beteiligt sein. Und das macht uns nun doch um unsre Zukunft eher bang, weil wir ja nämlich aus Erfahrung wissen, daß unsre Brauchbarkeit nicht ganz unsrer Begabung entspricht. Am eigenen Leibe hat das fast jeder von uns einmal erlebt, daß andre mehr ausrichten und mehr erreichen als er, die weniger können als er. Wir stehen an Kraft und Eignung hinter unsern Nachbarn nicht zurück, dennoch aber an Erfolg. Ja zuweilen übertreffen wir sie sogar an Fähigkeit, ohne doch ihre Wirkung einzuholen. Das ist merkwürdig, es scheint fast unnatürlich. Irgendwie muß offenbar irgend etwas an uns nicht ganz in Ordnung, unsre Fähigkeit muß nicht richtig eingestellt sein. Vielleicht liegt's an unsrer ganzen Erziehung.

Wenn eine österreichische Hausfrau eine Köchin aufnimmt, läßt sie sie kommen, sieht sie sich an und sagt dann:

„Sie hat auf mich einen guten Eindruck gemacht.“ Oder aber sie sagt: „Nein, sie hat ja vortreffliche Zeugnisse, die Person ist mir aber nicht sympathisch!“ Ich habe das an unseren Hausfrauen nie verstehen können, weil meine Sympathien oder Antipathien für oder gegen Köchinnen erst beginnen, wenn ich von ihnen gegessen habe. Sie machen mir genau den Eindruck ihrer Zwetschgenknödel. Aber unsre Hausfrauen folgen dabei nur einer allgemeinen, alles österreichische Leben beherrschenden Maxime. Vor grauen Jahren, als ich noch das blutige Handwerk der Theaterkritik betrieb, wurde mir oft, wenn ich einen Mimen niederträchtig fand, eingewendet: Sie haben unrecht, den müssen Sie nur erst kennenlernen, er ist ein reizender Kerl! Und wenn ich antwortete: Das mag er sein, aber sein Hamlet war miserabel! sah mich der Wiener mit weit aufgerissenen Augen an und begriff mich gar nicht. Denn er fragt ja nie, wie der Schauspieler schauspielt, wie sein Hamlet ist, sondern immer nur, ob ihm der Mensch gefällt, der in dem Hamlet steckt. Wir haben Maler, die berühmt geworden sind, weil sie lebende Bilder stellen, Couplets singen oder gut Anekdoten erzählen. Es kommt immer bloß darauf an, sympathisch zu sein. Wer es ist, dem wird sogar Begabung verziehen, aber sie muß durch ein gefälliges Betragen wieder gutgemacht werden. Und man glaube ja nicht, dies sei bloß wienerisch. Auch in der Provinz ist es nicht anders, wenn man sich auch in der Provinz freilich anders beliebt macht als in Wien. Hier gilt's ein reizender Kerl, ein glänzender Gesellschafter, ein scharmanter Tischnachbar zu sein, dort gilt nur, wer „stramm“ ist. Aber ob nach dem Strammen oder nach dem Scharmanten, hier wie dort wird niemals nach der Leistung, niemals, was einer kann, gefragt, sondern immer nur, welchen Eindruck er macht, immer nur, ob er gefällt.

Wenn man sich in Berlin nach irgendeinem erkundigt, hört man, was er bisher geleistet hat, wessen er fähig ist und was man sich noch von ihm erwartet. Und es kommt vor, daß einem jemand in den höchsten Tönen angepriesen wird, von dem derselbe, der ihn eben noch mit vollen Backen angepriesen hat, dann schließlich nebenbei bemerkt: Menschlich übrigens ein Scheusal — nicht in die Nähe, noch nicht zimmerrein, ein gräßlicher Kerl, aber, wie gesagt, was die Leistung betrifft, I a!

Kurz: wir fragen nach dem ganzen Menschen, unsre Nachbarn nach seiner Verwendbarkeit; uns kommt's darauf an, was einer ist, den Nachbarn, was man, der Staat, die Nation, das Vaterland, an ihm und von ihm hat. Wer hat recht, wir oder sie? Wenn es sich um einen Nekrolog handelt, sicher wir. Am jüngsten Tag wird nur gelten, was einer menschlich war, und wenn er ein Scheusal war, wird ihm, fürcht ich, wenig helfen, was er geleistet hat. Aber bis zum jüngsten Tage wird dort, wo der Mensch bloß im ganzen geschätzt wird, nicht aber, was er leistet, dort wird eben nichts geleistet werden. Hier auf Erden wird aber nun einmal nur die Leistung belohnt, erst über dem Grabe gilt der wesentliche Mensch. In der ganzen Welt ist der Berliner unbeliebt, aber beneidet. Wir haben jetzt die Wahl, ob wir nach dem Kriege uns wieder ins Privatleben zurückziehen oder an der deutschen Weltwirtschaft beteiligen wollen. Entscheiden wir uns, in der Welt mitzutun, dann werden wir leider nicht umhin können, aus persönlichen Menschen sachliche Menschen zu werden, wir werden nicht immer nur zu gefallen trachten dürfen, wir werden etwas leisten lernen müssen. Das wird uns kaum gelingen, wenn wir uns nicht von Grund aus ändern, und von klein auf. Denn schon in der Schule fängt es ja bei uns an, schon das Kind merkt, daß es bei uns immer nur darauf ankommt, angenehm zu sein, niemals darauf, brauchbar zu sein. Schon Eltern und Lehrer ziehen das artige, das brave, das freundliche Kind dem tüchtigen, dem starken, dem begabten, das zutunliche dem eigenwilligen, das Hascherl und das Tschaperl dem ungeselligen, mühsamen, widerspenstigen Talent vor. Wer unangenehm auffällt durch Eigenart, Eigensinn und Eigenmacht, hat's am schwersten: wer durch keinerlei Begabung lästig fällt, ist willkommen. Ein Kind merkt das bald, auch wenn's ihm nicht alle Tanten in einemfort sagten. Und so werden diese reizenden, scharmanten, aber unbrauchbaren Menschen großgezogen. Brave Leute, schlechte Musikanten, sagt das Sprichwort. Die deutsche Weltwirtschaft aber wird gute Musikanten brauchen und wären's Teufel!

Ist es denn übrigens ausgemacht, daß das Sprichwort recht hat? Ich traue seiner Wahrheit gar nicht. Muß der reizende Mensch immer untüchtig, muß der brauchbare Mensch ein Ekel sein? Ich glaube das gar nicht. Ist es undenkbar, daß einmal einer beides wäre, wohlgefällig und dennoch verwendbar, ein in sich vollendeter und dennoch den andern nützender Mensch, zugleich sein eigener Zweck und doch auch noch ein dem Ganzen dienendes Mittel? Ich kann mir solche Menschen schon denken, ich kenne solche Menschen und nur sie verdienen mir Menschen zu heißen. Und ich habe sie nirgends schöner gefunden als in Österreich. Nämlich im österreichischen Barock! Unser Barock ist der weltgeschichtliche Versuch, schon entrückte Menschen vom Himmel dann wieder in Erdenlust und Erdenleid zu bringen, wo sie nun, was sie dort erblickt, hier bewähren sollen. Im Barock wird der Mensch erst ganz von jedem irdischen Zweck erlöst, um gerade dann aber wieder in den irdischen Dienst gestellt zu werden, den er nun freilich jetzt nicht mehr als seufzender Knecht, sondern mit dem Lächeln der Freiheit tut. Im Menschen, den das Barock uns offenbart, wird eine Verbindung des persönlichen mit dem sachlichen, des herrschenden mit dem dienenden, des schönen, guten, wahren, des gottgefälligen mit dem nützlichen, brauchbaren, fähigen, dem weltgerechten Menschen angekündigt, es ist die Ahnung einer ungeheuren Synthese, in der der Mensch, den Blick zum offenen Himmel, auf Erden freudig hilfreich wirken wird. Alle Kunst ist Ansage. Wozu hat euch denn unsre alte österreichische Kunst diese Zeichen einer neuen Menschheit aufgestellt, wenn ihr nicht trachtet, sie zu werden? Und jetzt ist der Augenblick da!

2. Merk's Berlin

Darf ich einmal Berlinern mein österreichisches Herz ausschütten? Da wir jetzt mehr als je aufeinander angewiesen sind, haben wir mehr als je gegeneinander aufrichtig zu sein. Ihr laßt es daran auch nicht fehlen, wir aber sehr.

Ihr kennt ja den Österreicher wenig, und so wißt ihr nicht, daß er höchst empfindlich ist, jedoch die Eitelkeit hat, es sich um keinen Preis merken zu lassen, aber wenn ihm das gelingt, es einem übelnimmt. Wehleidig und immer gleich gekränkt, macht er gute Miene dazu, doch wurmt es ihn, wenn man sich von ihr täuschen läßt, er findet, man müßte „feinfühliger" sein, das beleidigt ihn wieder, und der Schluß ist, daß diese fortgesetzten, stets verheimlichten, doch sorgsam angesammelten und aufbewahrten Empfindlichkeiten einmal unerwartet explodieren und dieser so „gemütliche" Mensch, der den Eindruck macht, sich alles gefallen zu lassen, dann in eine Wut gerät, die, wer jenen merkwürdigen inneren Mechanismus des Österreichers nicht kennt, gar nicht begreifen kann. Der Österreicher hat weder eine so dicke Haut, wie der Berliner anzunehmen scheint, noch liegt es in seiner Art, sich nicht zu wehren. Er läßt sich nicht alles gefallen, sondern gar nichts; er wehrt sich auch stets, aber so spät, daß der, gegen den er sich wehrt, inzwischen schon längst vergessen hat, wogegen er sich wehrt. Wer das nicht weiß und darauf nicht gefaßt ist, kann mit uns Überraschungen erleben, die zuweilen nicht angenehm sind, und verspielt unsre Freundschaft leicht. Die wollt ihr doch aber, wie wir eure, da wir einander ja brauchen, nicht? Seid also gewarnt!

Anlaß gibt mir der Ton einer gutgemeinten Berliner Kritik an einer Ausstellung österreichischer Maler in Berlin. Nicht als ob der Berliner diese Bilder tadelte! Das wäre sein gutes Recht, sie müssen ihm ja nicht gefallen. Auch sind ihre Maler keineswegs verwöhnt, man hat sie daheim oft noch weit schimpflicher behandelt. Der Berliner läßt sich vielmehr eigentlich gar nicht mit ihnen ein, jedenfalls auf den einzelnen nicht, sondern die ganze Richtung paßt ihm nicht, und so stellt er nur im allgemeinen fest, daß er durchaus nichts den Absichten der künstlerischen Entwicklung in Deutschland Förderliches an ihnen zu finden weiß. Andre Absichten als die deutschen aber, andre Möglichkeiten als die der deutschen Entwicklung scheint er nicht zu kennen; daß im Hause der Kunst viele Wohnungen sind, will er nicht bemerken. Er ist ein angesehener Schriftsteller, ein guter Sprecher der preußischen bildenden Kunst, bedeutend durch seinen starken, festen, großen Kunstwillen, dem nur dazu die schaffende Kraft, das Können fehlt, so daß ihm also nichts übrigbleibt, als sich in Programmen auszuleben, Kunstanweisungen, Kunsterlässe zu diktieren und den Schaffenden gewissermaßen als Generalstäbler zu dienen, der die Schlachten um die Zukunft der Kunst entwirft. Ich weiß das zu schätzen, wenn ich mir auch Kritik freilich im Grunde doch anders denke. Als ich selbst noch Kunstkritik trieb, war ich darauf aus, den Malern ihren Kunstwillen abzusehen, nicht meinen ihnen aufzuzwingen. Ich war ihr Dolmetsch, er will ihr Oberhaupt sein.

Aber ich verkenne nicht, daß es die Kunst zuzeiten fördern mag, wenn ein mächtiger Wille (oder wo der fehlt, mehrere kleine, die die Selbstentsagung haben, in einen gemeinsamen einzumünden) die Künstler zu gleichem Schritt und Tritt drillt, und so wert mir unsre österreichische Freiheit der Kunst ist, wo keiner nach dem andern fragt, keiner auch nur vom andern weiß und jeder stolz im Felsenneste seiner eigenen Herrlichkeit schwelgt, ich habe doch zuweilen Stunden banger Sehnsucht nach einem gemeinsamen Oberbefehl. Ein bißchen Schreckensherrschaft könnte uns vielleicht nicht schaden, freilich aber nur eine aus unsrer Mitte. Ein Wilhelm Bode, ein Karl Scheffler täten uns eine Zeitlang ganz gut. Noch besser vielleicht, wenn von den Künstlern selbst einer die Diktatur nähme, also ein Liebermann, aber ein österreichischer (wenn es möglich wäre, sich diese beiden Begriffe, Liebermann und Österreich, zusammen zu denken!), denn der gemeinsame Kunstwille, der uns helfen soll, muß im Grunde doch unser eigener sein.

Jener Berliner Kritiker tritt nun vor diese österreichischen Bilder hin, legt an sie das Maß seines preußischen Kunstwillens an und da stimmt dann natürlich nichts. Er meint es ihnen gut, das will ich nicht verkennen. Nur daß sie mit seiner Meinung nichts anfangen können, beim besten Willen nicht, das müßte er doch verstehen! Er sagt nichts Unrichtiges über sie, beileibe nicht. Er zieht nur ihre Grenzen ganz genau: was innerhalb liegt, interessiert ihn nicht, aber was außerhalb liegt und darum wieder sie nichts angehen kann, das vermißt er an ihnen. Diese Art von Kritik ist vielleicht überhaupt nicht sehr fruchtbar, obwohl sie stets überzeugend wirkt. Wenn mir jemand versichert: Dante habe keinen Humor, Dostojewski keine Grazie, Uhland nichts Dämonisches, Homer keinen Esprit und Nestroy keine Tragik, so kann ich ihm nicht widersprechen, er hat ja recht, nur darf er nicht meinen, daß sie damit erledigt sind. Jener Berliner aber will diese Österreicher erledigen, indem er ihre Grenzen zeigt, und nicht etwa bloß die Grenzen, die jedem einzelnen seine besondere Natur zieht, sondern die Grenzen, die allen ihre Heimat setzt. Daß keiner von ihnen Österreich verleugnet, daß keiner aus seiner österreichischen Haut kann, daß keiner unter ihnen ist, der irgend etwas könnte, was nicht zu können eben einmal zum österreichischen Wesen gehört und was ein Österreicher nur kann, wenn er keiner mehr ist, das verdenkt ihnen der Berliner Kritiker, ihren größten Vorzug, ihre schönste Tugend. Was er an ihnen vermißt, ist Ausländerei, eben die Ausländerei, vor der er sonst so strenge warnt. Gesetzt, ein Jüngling käme zu mir, um mir vorzusprechen und mein Urteil zu hören, und ich erwiderte damit, daß ich ihm schildere, wie Salvini, wie Mounet Sully sprach, und daß ich ihm italienische und französische Klangwirkungen zeige, deren kein deutscher Sprecher fähig ist, was hätte der gute Junge davon? Was soll er tun? Auswandern? Das Instrument, das ihm Gott gegeben hat, zerbrechen? Oder versuchen, ob es sich nicht doch vielleicht vergewaltigen läßt? Und wenn nun unsre so hart vermahnten österreichischen Maler sich bekehrten und gingen hin und tauchten ihre Pinsel in preußischen Geist, was hätte die deutsche Kunst davon?

Ich dächte, die deutsche Kunst braucht sie nicht, sie langt mit den deutschen Künstlern reichlich aus. Wir hätten Verlust, ihr keinen Gewinn!

An diesem Beispiele wurde mir erst einmal ganz klar, wie seltsam sich der Deutsche zum Österreicher verhält, in Kunstdingen zunächst, aber auch überhaupt. Norwegen, Schweden, Dänen, Portugiesen und Türken nimmt er hin, wie sie sind, begreift, daß ihr Ausdruck nicht ihn ausdrücken kann, und freut sich ihrer Verschiedenheit, ihrer besonderen Eigenart so sehr, daß er leicht in die Gefahr kommt, seine daran zu verlieren. Je norwegischer ein Norweger ist, desto williger schätzt ihn der Deutsche, ja gleich ahmt er ihn nach. Nur der Österreicher gilt in Deutschland desto mehr, je weniger er vom Österreicher behält. Ihm wird zugemutet, sich aufzugeben; man schätzt ihn in Deutschland bloß nach dem Grade seiner (gespielten oder wirklichen) Assimilation ans Deutsche. Nicht bloß den Lebenden ergeht es so. Die großen Österreicher sind in Deutschland immer unbekannt geblieben. Wer unter euch hat denn — Hand aufs Herz! — ein inneres Verhältnis zu Herrn Walther von der Vogelweide? Wer zu Fischer von Erlach, wer zu Zauner? (Wehe uns, wenn wir von Rauch so wenig wüßten wie ihr von Zauner, den jetzt Hermann Burg in einer vortrefflichen Schrift geschildert hat, Wien 1915, Kunstverlag Anton Schroll, aber wer von euch liest sie?) Und selbst von Abraham a Santa Clara, der doch ein geborener Schwabe war, aber so unvorsichtig, ein Österreicher zu werden, was wißt ihr von ihm mehr, als daß er Modell zum Kapuziner im „Wallenstein" stand? Stifters Nachsommer, das reinste Gefäß österreichischer Weisheit, eben das für uns, was euch „Wilhelm Meisters Wanderjahre“ sind, bleibt hochachtungsvoll ungelesen. Grillparzer ist euch bloß von Kainz aufgedrungen worden (o, Max Reinhardt, dringe ihnen den „Bruderzwist“, dringe „Libussa“, sein reichstes Werk, ihnen auf! Aber freilich, die sind österreichisch!), und der größte Dichter, den wir im neunzehnten Jahrhundert hatten, ist euch kaum dem Namen nach, kaum auch nur vom Hörensagen bekannt: Stelzhamer, ein Epiker von homerischer Unschuld, Bildnerkraft und Sprachgewalt, dessen „Ahnl“ an Anschaulichkeit, Ruhe des mächtigen Flusses und Einfalt der Empfindung Hermann und Dorothea erreicht, in der ungetrübten Beherrschung des Hexameters übertrifft. Ihr wißt von den besten Österreichern nichts, oder wenn ihr etwas wißt, ist es immer nur gerade das, was an ihnen unösterreichisch ist. Denn nur das wollt ihr! Ihr laßt nur das von uns bei euch ein, was an uns sich von euch geistig annektieren läßt. Und wenn ihr mir erwidert, dies sei Notwehr und jedes Volk nehme sich von andern Völkern nur, was es für sich selber brauchen kann, so frag ich, wo denn die Notwehr gegen Schweden, Dänen usw. bleibt. Dostojewski ist so stockrussisch wie Stelzhamer stocköserreichisch, und Cezanne kaum deutscher als Klimt. Aber jene dürfen, wir nicht. Jene dürfen sie selbst sein, uns laßt ihr erst gelten, wenn wir euch ähneln, insofern wir uns anpassen, wenn wir auf uns selbst verzichten. Und nicht als gekränkter Österreicher, sondern von euch selbst aus, in eurem eigenen Sinne frag ich da nochmals:

Was hättet ihr davon, wenn es euch gelingt und aus dem Österreicher am Ende wirklich geistig (oder gar politisch) ein bloßes Duplikat des Deutschen wird? Wir wären ärmer, ihr darum nicht reicher, eine Schönheit ginge der Welt verloren. Aber mein Trost ist, es wird euch nie gelingen, nie.

3. Merkt's alle beide

Ein Aufsatz, der eine Berliner Ausstellung österreichischer Maler damit abtat, daß sie die deutschen Bemühungen des Augenblicks in nichts zu fördern scheine, gab mir Anlaß, meine Berliner Freunde zu bedeuten, daß wir, so sehr wir ihre Eigenart bewundern, doch keinen Grund haben, sie für unsere einzutauschen, und gar keine Lust, österreichische Kunst von ihnen als ein bloßes Anhängsel der deutschen behandeln zu lassen. Dies war in aller Freundschaft gemeint und in aller Freundschaft ist es, soweit ich sehen kann, auch draußen aufgenommen worden; ich hatte das Gefühl, daß man mir dort im stillen recht gab, wenn man es auch für unnötig hielt, das laut zu bekennen. Die heftige, ja fast erbitterte Zustimmung aber, die der Aufsatz in Österreich fand, erschreckte mich. Der Österreicher, die sich durch die deutsche Freundschaft beengt, ja gedrückt fühlen, scheinen mehr zu sein, als ich gedacht hätte, und die Gereiztheit dieser Stimmung könnte mit der Zeit aufhören, ungefährlich zu sein, gar bei unsrer leidigen Gewohnheit, Gefühlspolitik zu treiben.

Nichts wird uns so schwer, als uns ruhig zu behaupten. Entweder geben wir uns hin und werfen uns weg oder wir rollen uns ein und sperren uns ab. Daß es darauf ankommt, uns weder zu vergeuden noch zu verstecken, wollen wir nicht lernen. Ich hatte gesagt: Unsre Kunst ist österreichisch, sie muß österreichisch gemessen werden, nicht deutsch, wir haben nicht vor, unsern Geist für euren aufzugeben, unser Wesen in eures umzuwechseln, uns in euch einzuschmelzen. Aber gleich wurde das mißverstanden, als hätt ich zur Fehde geblasen, die Freundschaft gekündigt und womöglich der deutschen Kultur aufgesagt! Muß ich erst beteuern, daß es so nicht gemeint war? Für Schöppenstädt und Schilda zu schwärmen und was der gute alte Jahn, der Turnvater, den „Unsinn der Völkleinerei" nennt, liegt doch eigentlich meinem Wesen fern. Ein geschlossener Geistesstaat scheint mir sowenig für Österreich erwünscht, als es mir ein geschlossener Handelsstaat wäre. Darüber sind wir hinaus. In ihrer Kindheit machen alle Völker Entwicklungen durch, die nicht gestört werden dürfen, da haben sie sich selbst noch nicht gefunden, und schon der bloße Anblick fremden Wesens lockt sie leicht vom eigenen ab. Aber reife Völker können ihn ertragen, ja sie brauchen ihn, um eben daran sich selbst erst ganz erkennen zu lernen. Ganz zu sich selbst kommt ein Volk immer an andern erst, ja man darf sagen, so verwegen das klingt: erst wenn ein Volk noch über sich hinaus will, hat es sich ganz, wofern es freilich dabei nur auch stark genug bleibt, diese höchste Spannung auszuhalten und dennoch nicht von sich zu kommen. So brauchen die Deutschen jetzt uns, so brauchen wir sie, es ist ein geistiges Verhältnis der höchsten Art: zwei Völker wenden einander die Augen des Geistes zu, und indem jedes am andern erst sich ganz erlebt, gelangt jedes am andern zu seiner eigenen Vollkommenheit.

Unsre Baumkronen sollen sich berühren, aber nicht unsre Wurzeln. In der Höhe wollen wir uns begegnen, aber jedes seine Tiefe behalten. Wie der einzelne Mensch, ist auch jede Nation in geistigen Stockwerken aufgebaut. Aus der Scholle wächst der Mensch, ein Stück Erde, das lebendig und eigenen Sinnes, eigenen Willens und zur Persönlichkeit wird, aber nicht für sich selbst, sondern um dieses eigene Selbst dann darzubringen, zunächst dem Kreise, dem es eingeboren ist, wie dieser sich wieder dem Lande, das Land dem Reiche sich darzubringen hat. Das Stück Erde wird ein guter Sohn, der Sohn selber wieder zum Vater von Haus und Kind, das Haus steht im Gau, der Gau fügt sich ins Land ein, das Stück Erde lernt sich als Tiroler, Steirer oder Böhme fühlen, aber Tirol liegt nicht im Monde, sondern in Österreich, und von der uralten, tief geheimnisvollen österreichischen Geschichte fällt ein belebender, befruchtender, beglückender Strahl verwandelnd auf alle nachwachsenden Abkommen zurück. Aber auch mit dem Reiche schließt die Reihe noch nicht. Denn auch das Reich ist nicht um seiner selbst willen da; nichts ist in die Welt für sich selbst gesetzt, alles dient. Auch die mächtigsten Reiche der Welt sind dem ewigen, unsern armen

Verstand überschreitenden, verborgenen Plan des Weltgeschehens untertan.

Draußen schwelgt man jetzt in den „Ideen von 1914". Die Weltanschauung des Deutschen seit seiner klassischen Zeit scheint einzusinken, eine neue bricht an. Aber vielleicht ist sie gar nicht so neu. Auch die klassische Zeit hat die still waltende Macht des ewigen Lenkers fromm verehrt. Der Unterschied ist im Grunde nur in der Verknüpfung. Das achtzehnte Jahrhundert hat den einzelnen unmittelbar an die Welt geknüpft. An ihr hängt er ja schließlich auch, aber nicht unmittelbar, wie der Stolz jener Weltbürger wähnte. Wir Heutigen aber hinwieder sehen jetzt nur den Faden davon, der uns hält. Pathetisch warf sich das Individuum des achtzehnten Jahrhunderts immer gleich dem All an die Brust. Später wurde doch allmählich bemerkt, daß da ja noch einiges dazwischen ist. In den „Briefen über ästhetische Erziehung" spricht der Mensch entweder „in eigener Hütte still mit sich selbst" oder aber, sobald er aus der Hütte heraustritt, gleich „mit dem ganzen Geschlecht". Selbsteinsamkeit also, völlig in sich gezogen, oder immer gleich auf einen Sprung das ganze Menschengeschlecht, die Menschheit selbst, denn wenn Schiller an den Menschen denkt, ist es der „idealische", den er meint. Uns aber, einer im Überspringen weniger verwegenen Generation, ist für die Fragen des irdischen Lebens, und gar des politischen, der wirkliche wichtiger als der idealische geworden, uns ist der wirkliche näher, zwischen den und die Menschheit sich ja noch eine lange Reihe von Formen stellt, Familie, Stamm, Volk, Staat und

Kirche, bis uns ganz am Rande dann erst die Menschheit selbst erscheint.

Wenn sich das philosophische Zeitalter des achtzehnten Jahrhunderts nach der Vernunft, das praktische des neunzehnten Jahrhunderts nach der Geschichte orientiert und jenes so zur humanistischen, dieses zur nationalen Gesinnung kommt, wird das zwanzigste Jahrhundert, an den Erfahrungen dieses Krieges sich besinnend, die große Synthese von beiden suchen müssen. Wie das Individuum sein Recht hat, aber nur um der Nation willen, nur weil es ihr unentbehrlich ist, die ja doch bloß an Individuen erscheint, so hat auch jede Nation ein Recht auf sich selbst, aber nur um der Menschheit willen, die sich ja bloß an Nationen verleibt. Und wie das individuelle Recht auf die Nation verpflichtet ist, ist es alles nationale Recht auf die Menschheit. Für jeden einzelnen wie für alle Völker gilt das Apostelwort: „Dienet einander, jeder mit der Gabe, die er empfangen hat, als gute Verwalter der mannigfaltigen Gnaden Gottes!"

Wir täten gut, es auf unser Verhältnis zu Deutschland anzuwenden. Nicht besser können Österreich und Deutschland einander dienen als jedes mit den ihm eigenen Gaben: also je deutscher der Deutsche, je österreichischer der Österreicher ist und schafft. Uns in Österreich aber täte vor allem not, das weise Wort auch untereinander auf uns selbst anzuwenden. Wir enthalten viele Stämme, mannigfaltig sind unter ihnen die Gnaden Gottes ausgeteilt, freue sich jeder der seinen, hege sie, hüte sie, doch nicht um auf sie zu pochen, sondern um mit ihr zu dienen. Keiner habe, was er hat, für sich, sondern daß er damit dem andern diene! Keiner sei, was er ist, für sich, sondern dem Ganzen! Keiner frage nur immer nach dem Recht, das er von den andern zu fordern, er frage nach dem Dienst, den er den andern zu leisten hat! Und will er der erste sein und vor allen, so sei er's in der Liebe für alle! Und will er sie übertreffen, so sei's an Unterordnung!

Es gibt kein besseres Reichsgrundgesetz für Österreich als dieses: „Dienet einander, jeder mit der Gabe, die er empfangen hat!" Halten wir es, so brauchen wir kein andres. Und solange wir es nicht wahr machen, hilft uns kein andres.

Die „Ideen von 1914"

Im Kriege, dächte man, hätte die Tat das Wort, da wäre keine Zeit zur Betrachtung, und doch haben wir, seit wir uns erinnern, niemals eine so gesteigerte Selbstbesinnung bis aufs Innerste, bis ins Herz unsres tiefsten Wesens oder was wir dafür halten, erlebt, als eben jetzt, mitten im Waffenlärm und Schlachtendrang, in der äußersten Kraftanspannung, Kraftentfaltung und Kraftverschwendung dieses Krieges. In allem anders als alle zuvor, ist er es auch durch das „helle, ja überreizt helle Bewußtsein der Völker,"[1]) die hier abrechnen über Vergangenheit und Zukunft. Es ist ein Krieg, der, noch während er geführt wird, schon auch gleich selbst über sich reflektiert und philosophiert, sich kalkuliert, formuliert und kritisiert, ja durch geschichtliche Selbstbetrachtung distanziert, aber zugleich auch wieder, durch Voraussage der Folgen, in die Zukunft projiziert und mitten im noch nicht abgelaufenen Ereignis schon das Ergebnis, noch heiß vom Blut, gleich schwarz auf weiß drucken läßt. Denn um die furchtbaren Opfer, die er jedem der kämpfenden Völker abverlangt, zu rechtfertigen, nötigt er jedem die Pflicht auf, sich selbst und den andern darzutun, was es an sich hat und was die andern an ihm haben. Gar aber unser

[1]) Friedrich Meinecke, „Probleme des Weltkriegs", Neue Rundschau, Juni 1916.

deutsches Volk, das im Frieden solange seinem eingebornen Sinn entfremdet und vom Geiste weg schon ganz der irdischen Gier verfallen schien, wird sich jetzt wieder bewußt, daß es das metaphysische Volk ist.

Wenn dieser Krieg aus sein wird, hat ihn jeder Deutsche schon gedruckt auf seinem Tisch vor sich, in allen Phasen; jede ist von einem Augenblick zum andern gleich in Geist abgezogen worden, alle liegen schon ausgesprochen, aufgeschrieben vor, dem Helden stand stets der aufzeichnende Chronist, dem Chronisten der erklärende Denker, dem Denker der mitteilende Redner auf der Ferse, jede Phase dieses Krieges ist, bevor er noch aus sein wird, längst schon Geschichte geworden.

Der ersten, der größten aller seiner Phasen wird keiner, der ihr Zeuge war, und wenn er hundert Jahre würde, je vergessen können. Wir haben nichts Größeres erlebt. Wir wußten ja gar nicht, daß so Großes erlebt werden kann; nie wären wir fähig gewesen, es uns auch nur vorzustellen. Dieses Erlebnis der Mobilmachung bleibt uns bis ins Grab: da ist uns das deutsche Wesen erschienen. Wir erblickten einander zum erstenmal. Wir erkannten, was wir sind; wir hatten uns wieder, und jeder andre Gedanke, jedes andre Gefühl schied. Was wir vor dem Krieg sonst noch alles gedacht und gefühlt, verstanden wir nun auf einmal selber nicht mehr, die Nacht zerrann, der Tag brach an, das deutsche Wesen war uns erschienen!

Das Wort dieser Phase sprach der Kaiser aus: „Ich kenne keine Parteien mehr, ich kenne nur noch Deutsche!“ Darin war der August 1914 enthalten: es gab nur noch

Deutsche, und in jedem einzelnen Deutschen gab es nur noch den Deutschen. Uralte Sehnsucht der deutschen Seele schien erfüllt, die Sehnsucht zu „verwerden" (Meister Eckhart), sich zu „entselbstigen" (Goethe) und, von allem Eigensinn gelöst, ganz hingegeben, nur noch zu „dienen, dienen" (Wagner), die Sehnsucht, daß der einzelne mit seinem engen Selbst auslösche im ganzen Volke. Zu seinem Volke rückte jeder Deutsche damals ein. Eine Heimkehr war es, und so schien es zunächst nur eine Wiederholung, 1870 war, 1813 wieder da, das deutsche Volk traf ein, genau wie Bismarck es 1888 vorausgesagt, Wort für Wort: „Es muß ein Krieg sein, mit dem die ganze Nation einverstanden ist, es muß ein Volkskrieg sein, der mit dem Enthusiasmus geführt wird, wie der von 1870, wo wir ruchlos angegriffen wurden. Dann wird das ganze Deutschland von der Memel bis zum Bodensee wie eine Pulvermine aufbrennen und von Gewehren starren."

Der Deutsche hatte wieder heimgefunden, heim zu sich selbst: das war das Gefühl jenes unvergeßlichen Augenblicks, und um es auszudrücken, genügte das alte Vokabular von 1870 und 1813. Die Lieder von 1870, die Reden Bismarcks erklangen wieder, und Treitschke, der Rembrandtdeutsche, Lagarde, die großen Sprecher eines idealistischen Nationalismus alle, ja bis zurück auf Fichte, Ernst Moritz Arndt, den Freiherrn vom Stein, Clausewitz, Gneisenau, Blücher und den großen Fritz, boten dieser Zeit, was sie zu sagen hatte. Die Phase der Mobilmachung hat sich so durchaus als Wiedergeburt gefühlt, daß sie mit Zitaten auskam: es war ja nichts Neues geschehen, das alte deutsche Volk stand auf.

Aber Individuen wie Völker wiederholen nichts. Individuen wie Völker erleben im Grunde freilich immer wieder dasselbe, weil sie ja nichts als immer wieder bloß sich selbst erleben, nur daß aber ihr eigenes Selbst sich doch von einemmal zum andern indessen schon wieder erneut hat. Das wurde der Deutsche jetzt inne, mit furchtbarer Gewalt: am Hasse der Welt. Der Ausbruch der Wut Europas tat dem deutschen Volke kund, daß es nicht mehr das alte Volk der träumenden Dichter, der sinnenden Denker, daß es jetzt ein Volk der Tat geworden war, Macht verlangend und Macht vermögend, zum Abscheu, Neid und Grauen der Nachbarn. Es sah sich plötzlich ausgespien von Europa, in Acht getan, als wäre sein bloßer Anblick Pest, sein Geruch Gift, sein Dasein Schmach für die gesittete Menschheit. Der Einigung durch das eigene Gefühl gemeinsamer Not folgte so die durch den gemeinsamen Haß aller Völker. Sie schrien es an: Weg mit dir, du bist nicht wie wir, sei verflucht! Und es mußte sich fragen: Was ist denn an mir, was mich ausstößt aus der Reihe meiner Brüder? Bin ich denn wirklich anders? Und wenn ich's bin, worin denn, wie denn? Was bin ich denn? Was macht mich zum Fluche der ganzen Welt? Und so ging es in sich, sein gebrandmarktes Wesen zu betrachten, um hinfort bewußt zu gestalten, was allen so verhaßt an ihm war: der allgemeinen Verachtung konnte der Deutsche nur antworten mit einer grausamen Selbstbesinnung, mit einem überwältigenden Selbstgefühl, wenn er ihr nicht erliegen wollte. Der allgemeine Haß zwang ihn, sich zum erstenmal als ein Geschöpf abgesonderter, wie von Gott selbst auserwählter und zu seiner nur ihm vorbehaltenen Sendung von Ewigkeit her gezeichneten Art zu fühlen, das also nun auch nach keinem allgemeinen Gesetze zu fragen, sich an kein gemeinsames Gebot zu halten, sondern sich das seine bloß aus seinem eigenen Sinne zu holen, sich selber sein eigenes Recht zu geben und es, unbekümmert um das Urteil der Menschheit, um ihre Satzungen, um Brauch, Herkommen und Sitte, nur vor Gott allein und dem eigenen Gewissen zu verantworten hätte. Nicht der Deutsche war es, der sich einer so furchtbaren Hoffart vermaß und diesen grausigen Abgrund aufriß zwischen sich und der Menschheit, er ist rein von dieser Schuld, er darf sich lossprechen, sie ist ihm aufgenötigt worden von den andern, sie wollten ihn nicht mehr unter sich leiden, sie trieben ihn aus, was blieb ihm übrig, als wenn er nun einmal anders war als alle, dieses sein so verfemtes Wesen, das Gott über ihn verhängt hatte, stolz zu tragen mit aller ihm zugeteilten Kraft bis ans verborgene Ziel? Um unter der ungeheuren Wucht des rings auf ihn einstürzenden Hasses nicht zermalmt, von der grauenhaften Vereinsamung, zu der er sich plötzlich, für sein Gefühl ohne Schuld, verdammt sah, nicht erdrückt, von der Wut Europas nicht erwürgt zu werden, mußte der Deutsche sich auf seine tiefbeklommene Frage, was ihn denn aus der uralten Gemeinschaft ausgestoßen hätte, als wäre er kein Christenmensch, sondern ein reißendes Tier, antworten, daß es nur der kraftlose Neid aller andern sei, nur weil er innerlich besser, äußerlich stärker und allen weit voraus. Aus jener Frage, dieser Antwort besteht die von der entsetzlichen Explosion des allgemeinen Hasses erregte Kriegsliteratur der Deutschen, aus ihnen entstand die bewußte Vorstellung der deutschen „Ideen von 1914".

Das Wort hat ein deutscher Nationalökonom, Dr. Johannes Plenge, Professor in Münster, geprägt. Den Fachgenossen durch ein Buch über „Marx und Hegel"[1]), das eine bewußte Synthese der beiden erstrebte, und durch eine Schrift über „Die Zukunft in Amerika"[2]); die, an Wells anknüpfend, die Verwandlung der Vereinigten Staaten aus einem jungen in ein altes Land darzutun und das merkwürdige Dreieck des amerikanischen Kräftesystems nachzuzeichnen versucht, bekannt, Arbeiten, in welchen sich die gründlichste Kenntnis der Weltwirtschaft mit einer ungemeinen philosophischen Bildung und einem damals, vor dem Kriege, seltenen philosophischen Sinne gesellt, war er der erste, der schon im Herbste 1915 in einer Abhandlung über den „Krieg und die deutsche Volkswirtschaft"[3]) von den Ideen von 1914 sprach, als einer Antwort auf 1789 und einer Überwindung von 1789, einer Überwindung aber, die nicht etwa zur Vergangenheit zurück, sondern vorwärts blicke, nicht einer bloß 1789 verneinenden, sondern es aufsaugenden, in einer höheren Synthese doch auch wieder bestätigenden und also 1789 eigentlich erst erfüllenden Überwindung. Es hieß da: „Seit 1789 hat

[1]) Tübingen, H. Laupp, 1911.
[2]) Berlin, Julius Springer, 1911.
[3]) Münster i. W., Borgmeyer & Cie., 1915.

es in der Welt keine solche Revolution gegeben wie die deutsche Revolution des Aufbaus und des Zusammenschlusses aller staatlichen Kräfte des zwanzigsten Jahrhunderts gegenüber der Revolution der zerstörenden Befreiung im achtzehnten Jahrhundert.... Der wirkliche Zukunftsstaat ist geboren als der gesteigerte Nationalstaat... In uns ist das zwanzigste Jahrhundert. Wie der Krieg auch endet, wir sind das vorbildliche Volk. Unsre Ideen werden die Lebensziele der Menschheit bestimmen."

Diese Gedanken Plenges nahm dann der Schwede Dr. Rudolf Kjellén, Professor zu Gotenburg, Verfasser eines vielgelesenen Buches über „Die Großmächte der Gegenwart"[1]), auf und gab einer kleinen Schrift den Namen „Die Ideen von 1914"[2]), was nun bald ein Schlagwort wurde, dessen man sich um so lieber bediente, weil es schillerte, so daß jeder sich dabei nach Belieben was andres denken konnte. Ein Weg in die Zukunft war verheißen, das entsprach dem deutschen Bedürfnisse so sehr, daß man nicht erst lang fragte, in welche. Dies hat erst Ernst Troeltsch, der große Berliner Theologe, versucht, der im Februar 1916 in der Berliner „Deutschen Gesellschaft 1914" einen Vortrag über die „Ideen von 1914"[3]) hielt. Er spann darin seine Kaiserrede[4]) vom Januar aus, betonte das Erlebnis unsrer geistigen Isolierung, fand ihren Grund in unserm ganz an-

[1]) B. G. Teubner in Leipzig.

[2]) S. Hirzel in Leipzig.

[3]) Maiheft der „Neuen Rundschau", 1916, S. Fischer in Berlin.

[4]) „Über Maßstäbe zur Beurteilung historischer Dinge", gehalten am 27. Januar 1916.

dern, ganz eigenen Begriffe von Freiheit, der „Freiheit einer freiwilligen Verpflichtetheit für das Ganze", und wies auf den neuen „Donaublock" hin, diesen „verbündeten Machtblock gegen die Monopol- und Riesenstaaten zum Schutz aller individuellen Volksgeister und ihrer freien Entwicklung", nicht ohne schließlich auch anzudeuten, wie wenig uns geholfen ist, wenn zwar das seit 1789 entbundene Individuum wieder gebunden wird, nämlich an die Nation, aber die Nation noch immer unverbunden im Leeren hängen und das Bedürfnis einer metaphysischen Bindung unerfüllt bleibt. Nach Troeltsch nahm dann nochmals Plenge das Wort, im Frühjahr 1916 erschien seine Schrift: „1789 und 1914, die symbolischen Jahre in der Geschichte des politischen Geistes"[1]). Sie sucht, welche von den Ideen, deren sich das deutsche Volk in der hohen geistigen Erregung des Kriegs bewußt geworden, ein „Leitbild" in der Geschichte der Menschheit werden könnte. Die deutsche Kriegswirtschaft gilt ihr für die „erste gewordene sozialistische Gesellschaft". Und den entscheidenden Gegensatz zwischen 1789 und 1914 erblickt sie „in dem Grundbewußtsein, wie das Einzel-Ich seine eigene Stellung im Leben in sich erlebt: selbständiges Willensatom oder eingegliedertes Teil-Ich".

Der Leser, der gern vereinfacht und sich ans Allgemeine hält, entnahm diesen Schriften die Lehre: 1789 habe das Individuum entbunden und für unbedingt erklärt, während 1914 das Individuum wieder binde und bedinge, aber freilich anders als durch die Bindungen und Bedingungen, welchen es 1789 ent-

[1]) Berlin, Julius Springer, 1916.

rissen worden. Während es von 1789 bis 1914 sein eigener Herr war, dient es jetzt wieder, es ist wieder eingegliedert worden, nur wird ihm sein Dienst jetzt nicht mehr durch die Geburt, sondern nach der eigenen Tüchtigkeit zugewiesen, es kehrt nicht in den feudalen Staat zurück, es geht in den sozialen Staat ein. 1914 ist also der Sieg des nationalen Sozialismus über den Individualismus, der bis 1914 Europa beherrscht hat. Hat er das, erst er? Ist das Individuum bis 1914 unbedingt gewesen, ist es erst 1914 wieder eingegliedert worden? Ist es eine Idee von 1914, das Individuum einzugliedern?

Als ich 1884, genau dreißig Jahre vor diesem Krieg, an die Berliner Universität kam, fand ich dort einen lebhaften jungen Verein vor, den „Verein deutscher Studenten", der sich zu Bismarck gegen Eugen Richter, für den Nationalismus gegen den Liberalismus, für Sozialreform gegen Freihandel bekannte. Ich wurde der Schüler Adolf Wagners und saß drei Jahre in seinem Seminar, dem damals auch Heinrich Dietzel, jetzt Geheimrat, Professor der Staatswissenschaften in Bonn, Werner Sombart, seitdem durch sein großes Buch über den Kapitalismus[1]) berühmt, durch seine Schrift „Händler und Helden" fast berüchtigt, Wolfgang Heine, jetzt Mitglied des Reichstags, ein Führer der positiven Sozialdemokratie und Karl Kramarc, später eine Zeit fast ein ungekrönter König von Böhmen, angehörten,

[1]) „Der moderne Kapitalismus", eben jetzt in veränderter, erweiterter und vertiefter Ausgabe wieder erscheinend. Bei Duncker & Humblot in München.

und wenn wir uns auch zuweilen untereinander mit Jugendlust befehdeten, wir fanden uns doch alle darin, daß wir zum Sozialismus standen, der eine zu dem konservativen und königstreuen des Rodbertus, der andre zu dem demokratischen, damals vom Sozialistengesetz bedrohten Bebels und Liebknechts, zum Bismarckischen der kaiserlichen Botschaft oder zum Kathedersozialismus unsers verehrten Lehrers oder wohl auch einmal gelegentlich zu diesen sämtlichen Sozialismen zusammen oder durcheinander oder einer höchst persönlichen Mischung aus allen, jeder aber mit Leidenschaft gegen jede Art von Liberalismus und Individualismus, die wir für einen Aberglauben unsrer Väter, für ein Gespenst von 1848, nun aber für überlebt und längst abgetan hielten. Meine erste Arbeit für das Seminar war über „Rodbertus' Theorie der Absatzkrisen", die zweite hieß „Individualismus und Sozialismus", die hier beide schon nicht bloß als wirtschaftliche Lehren, sondern als geschlossene Weltanschauungen betrachtet wurden, jener als die des entwurzelten, alle Geschichte verleugnenden, atomisierten, dieser als die des wieder eingegliederten, durch Herkommen, Erziehung und Umgebung bedingten, seine Kraft dem Ganzen der Nation darbringenden und aus dem Ganzen der Nation neue Kraft schöpfenden Individuums. Um jene Zeit schrieb Schäffle die „Aussichtslosigkeit der Sozialdemokratie", ich antwortete darauf mit der „Einsichtslosigkeit des Herrn Schäffle", einem jugendlich frechen und vorlauten Pamphlet, das ebenso recht als unrecht gegen Schäffle hatte, wir hatten beide so recht als unrecht zugleich, wir sahen nämlich jeder nur eine Seite der Sozialdemokratie, die damals noch aus ihren Anfängen einen revolutionären, ja fast anarchischen Ton mitgebracht, aber sich doch schon zum Gefühl, ja zur Anerkennung der Bedingtheit des Individuums durchgerungen oder jedenfalls den unaufhaltsamen Trieb dazu hatte. Schäffle vernahm nur den Aufruhr, von dem sie sich, besonders in der Mundart, noch nicht ganz loswinden konnte, ich nur ihren Drang zur Organisation, Bindung und Einordnung des Individuums, der ja doch auch ihr Kern war, freilich noch in der Schale von 1848. Die Entwicklung hat mir recht gegeben, das müßte heute Schäffle selbst gestehen, die Haltung der Sozialdemokratie im Kriege beweist es.

Die deutsche Jugend war also damals schon, vor vierzig Jahren, nationalistisch oder sozialistisch oder beides, der Individualismus überwunden, das Individuum wieder eingereiht. Und als ich vier Jahre darauf nach Paris ging, fand ich dort die Jugend dem General Boulanger untertan. Diese „Boulange" war eine recht gemischte Gesellschaft von Abenteurern, Strebern, Mißvergnügten, Schwärmern und Ahnenden, mit dem Zauber der Revanche zugedeckt; das Volk aber lief dem General mit den geheimnisvollen kalten schicksalsschweren Augen zu, weil er eine Fahne war, Ordnung verheißend, Pflicht gebietend, einigend. Hier wurde der einzelne sich selber los, trat ins Glied und lernte dienen. Unter den Boulangisten war ein hochaufgeschossener, bleicher, englisch aussehender Jüngling, ja fast noch ein Knabe, frisch aus der Provinz angelangt,

Schüler Renans, der sich selber noch nicht recht entscheiden konnte, halb Dichter, halb Denker oder Seher, etwas Snob, aber mit Volksgefühl, voll Ehrgeiz, doch auch voll Demut, affektiert, aber von einer tiefen Sehnsucht echt zu sein, mit Worten spielend, nach Ernst verlangend, Artist, Dilettant, Anarchist, der in drei seltsamen, schon durch ihre gute Haltung und ihr reines Französisch aus der allgemeinen Sprachverwirrung und Formentartung hervorstechenden Romanen, die eher platonische Dialoge oder eigentlich, wenn man so sagen darf, platonische Monologe waren, den dédain de la vie commune, einen erst verlachten, bald aber modischen égotisme und die culture du Moi, das bewußte Schwelgen in den eigenen Sensationen, verkündete. Dieser Maurice Barrès, der erste Dekadent, damals das „Feinste vom Feinsten", ließ sich zur allgemeinen Verblüffung plötzlich in die Kammer wählen, und der Deputierte von Nancy schlug (es war Panama) jetzt einen Ton an, dessen man längst entwöhnt war: er sprach von Recht, Pflicht und Tugenden, sprach vom Vaterland und vom Volke, sprach von den Vätern, die von ihren Gräbern aus noch immer in uns leben, in uns denken und fühlen, in uns sprechen und handeln — nicht wir sind die Täter unsrer Taten, die Väter sinds, es ist nicht unser eigener Wille noch unser eigener Sinn, der unser Leben bestimmt, es lebt aus den toten Vätern. Erstaunt horchte da die Jugend auf. War das der Nachkomme Stirners, der einsame Priester des eigenen Ich? Aber die Jugend verstand, daß er damit sein Ich nicht verriet. Er ging noch immer denselben Weg zu sich selbst.

Er hatte nur jetzt sein eigenes Ich erst erkannt. Da fand er, daß der Mensch seinen Sinn und seinen Willen nicht von sich hat, sondern von seinen Ahnen, seiner Erde, seinem Volke. Er wußte jetzt, daß, wer sich selber finden will, seine Wurzeln suchen muß. „Penser solitairement, c'est s'acheminer à penser solidairement.... Je ne puis vivre que selon mes morts. Eux et ma terre me commandent une certaine activité.... Nous sommes la continuité de nos parents.... Toute la suite des descendants ne fait qu'un même être"[1]). Er hatte heimgefunden, heim zum Vaterland. So schrieb er jetzt: Les Déracinés, den Roman der Verzweiflung des losgerissenen Ich, das Grundbuch des jungen Nationalismus in Frankreich.

Und als ich ein paar Jahr später nach London kam, fand ich dort die Fabier am Werk, einen von Sidney Webb, dem damals auf dem Kontinent noch unbekannten Bernard Shaw und John Burns geführten Verein, dessen Ziel die Permeation, die Durchdringung der Gesellschaft mit Sozialismus, die Überwindung des Individualismus war.

Ideen, welchen die deutsche Jugend schon in den achtziger, die französische und die englische jedenfalls seit den neunziger Jahren ergeben war, kann man nicht von 1914 datieren. Aber auch jene Jugend fand sie nur wieder, fand sie schon vor. Sie sind gut hundert Jahre alt. Allerdings sind sie die Antwort auf 1789, aber diese Antwort wurde gleich erteilt, gleich nach 1789, unmittel-

---

[1]) Maurice Barrès, Scènes et Doctrines du Nationalisme, Paris, Felix Juven.

bar unter dem Eindrucke von 1789: Edmund Burke war der erste, der den Geist der Revolution überwand. Es ist kein Zufall, daß gerade ein Engländer zuerst wieder die natürliche Gebundenheit des Individuums erkannt hat, der es sich nicht entreißen kann, ohne sich selbst zu vernichten. Denn gerade in England steckt der einzelne, schon durch die Lokalverwaltung[1]), so tief in der Gemeinschaft, in der Geschichte fest, daß er sich nur anzublicken braucht, um sich überall bedingt, überall verknüpft, überall unablöslich zu finden. Das Individuum hat sich ja nur auf sich selbst zu besinnen, um national gesinnt zu sein, denn es selber ist nur in seinem Volke, durch sein Volk, an seinem Volke da. Solche Selbstbesinnung der Persönlichkeit auf den Grund ihres Wesens und ihrer Kraft war unsre deutsche Romantik. Novalis, die beiden Schlegel, Tieck, Adam Müller und Gentz, die Brüder Grimm, Uhland, Savigny, Dahlmann und Haller, sie wissen alle schon, daß das Individuum gar nicht gefragt wird, ob es sich binden oder lösen will, weil ihm, ob es will oder nicht, die Bindung ja schon gegeben, weil es selber schon Geschichte, weil es ein Geschöpf von Beziehungen, von Bedingungen ist. Wenn Goethe stets auf Entsagung, auf Einordnung, auf Bedingung und Bindung des Individuums dringt, so ist das kein Wunsch, keine Lehre, kein Rat, sondern er spricht damit nur einfach das Leben selber aus, das kein unbedingtes, kein entbundenes Geschöpf kennt, und wenn er, der seinen Jugendwahn der absoluten Persönlichkeit, seinen Titanismus selber

[1]) Siehe darüber Joseph Redlichs wundervolles Buch „Englische Lokalverwaltung". Duncker & Humblot 1901.

niemals ganz an sich überwand, den Wilhelm Meister, der auf Durchbildung und Entfaltung der eigenen Persönlichkeit ausging, als Dienenden enden läßt, so stellt er wieder nicht eine sittliche Maxime, sondern ein Ergebnis dar: den Imperativ der menschlichen Natur. Das Individuum hat ja gar nicht die Wahl, es wird gar nicht gefragt, es steht ihm gar nicht frei, frei zu sein, und wenn es sich noch so frei glaubt, wenn es noch so frei tut, dies ändert an seiner Natur nichts, es bleibt überall bedingt, bleibt der Ausdruck, bleibt im Dienste dieser Bedingungen. Frei steht der Mensch nur gegen Gott: er kann Gott ja sagen oder nein, zusagen oder absagen, sich für ihn entscheiden oder gegen ihn; dies ist aber auch seine einzige Freiheit: die menschliche Freiheit wohnt über der Natur, drüben ist er frei, hier nirgends; hier steht er überall in der Natur, im Irdischen sieht er sich, wohin er auch blicke, wohin er auch trete, von Anfang an und bis ans Ende durch, von der Wiege bis ins Grab, überall durchaus bestimmt, bestimmt durch den Dämon, sein ererbtes, bei der Geburt unmittelbar ausgesprochenes Schicksal, seine mit ihm gegebene, von Urzeiten her fortwirkende Unveränderlichkeit („Nach dem Gesetz, wonach du angetreten. So mußt du sein, dir kannst du nicht entfliehen … Geprägte Form, die lebend sich entwickelt"), bestimmt durch Ananke, die Nötigung, der keiner entrinnt („Und aller Wille ist nur ein Wollen, weil wir eben sollten"), und am bedingtesten, wo wir, „scheinfrei", wie Goethe sagt, das Gesetz zu brechen glauben, dann aber erst recht der dunklen Herrschaft der Triebe verfallen. Wer den Menschen bedingt nennt und ihn vom eigenen Selbst weg zur Gemeinschaft weist, stellt gar keine sittliche Forderung an ihn, sondern spricht bloß die Natur des Menschen aus, der sich zur Gemeinschaft, zur Geschichte nicht etwa erst wenden soll, an Gemeinschaft und Geschichte nicht etwa bloß halten soll, sondern es, ob er will oder nicht, muß und gar nichts andres sein kann als Gemeinschaft und Geschichte, mit der er so durchaus verwachsen ist, daß wer sich von ihr zu lösen auch nur versucht, schon sich selber damit zerstört hat. Weshalb auch Wissenschaft, wann immer sie den gegebenen Menschen nimmt, um auszusagen, was er ist, ihn immer gleich als ein gemeinsames und geschichtliches Wesen erkannt und ausgesprochen hat, sie findet ihn nirgends anders vor, das Individuum ist bloß eine Abstraktion vom Menschen. Wie denn etwa Gierke in seinem unvergeßlichen Werk über „Das deutsche Genossenschaftsrecht", dessen erster Band schon 1866 erschien, in einer Zeit also, wo das politische Denken des deutschen Bürgertums durchaus vom Individualismus besessen, durchaus staatsfeindlich war, bloß, indem er es unternahm, das Verhältnis des Einzelnen im Ganzen beim Namen zu nennen, ohne Vorurteil und Absicht genötigt war, den Deutschen in seiner von Natur aus unmittelbar genossenschaftlichen Existenz und das unlösliche Miteinander und Ineinander von Individuum und Gemeinschaft darzustellen, die nur im Gedanken voneinander zu trennen, jedes aber doch nur an dem andern erst wirklich sind.

Aber da wird man einwenden, Kjellén und Plenge hätten ja gewiß auch gar nicht gemeint, die „Ideen von 1914" wären erst 1914 entstanden, und es komme doch auch gar nicht darauf an, wann eine Idee zum erstenmal ausgesprochen, sondern wann sie zur Tat wird. Mag immerhin die Idee des Nationalismus oder Sozialismus, der Eingliederung des einzelnen in Volk oder Staat, seiner Einordnung in den allgemeinen Dienst schon ein Jahrhundert lang lebendig gewesen, ja mag sie nichts als der Ausdruck der Wirklichkeit sein, so wußten doch die Handlungen der Menschen nichts von ihr; praktisch haben wir doch alle bis zum Kriege ganz individualistisch gelebt, und erst der Krieg hat uns belehrt, daß unser Leben nicht uns, sondern der Gemeinschaft gehört, daß wir kein Zweck, sondern bloß ein Mittel, daß wir nur soviel wert, als wir brauchbar sind. Hat uns das wirklich der Krieg erst gezeigt? Wer war denn vor dem Krieg sein eigener Zweck? Ein paar Millionäre, Dilettanten und Ästheten, die Handvoll vaterlandsloser Existenzen im Schlafwagen und in den großen Hotels, die sich Kosmopolis hieß, die Weltenbummler, Entwurzelten, Schweifenden mochten sich allenfalls einbilden, ihr eigenes Leben zu leben. Jeden andern lehrte seit dreißig Jahren jeder Schritt, den er tat, jeder Blick auf sich selbst, wie bedingt er war. Von klein auf sah sich das heute lebende Geschlecht überall eingereiht, immer schon im Dienste. Wo war denn in dieser ungeheuren Organisation unsers wirtschaftlichen Lebens, wo war denn in diesem alles verschlingenden, alles beherrschenden „Betrieb"[1]) noch Platz für die freie Per-

[1]) Vgl. meinen Aufsatz „Der Betrieb" in „Inventur". S. Fischer, Berlin.

sönlichkeit? Der Betrieb nahm den einzelnen auf und nahm ihn ein, vom Menschen blieb nichts mehr übrig. Der Betrieb, der Herr der Welt, hatte sich den Menschen, seinen Knecht, innerlich und äußerlich so völlig angepaßt, daß schon alle Persönlichkeiten verschwanden. Es gab ja keine Persönlichkeiten mehr, es gab nur noch Typen. Die Menschen desselben Betriebs wurden einander immer ähnlicher; wer einen aus diesem Betrieb kannte, kannte alle, es gab keine Originale mehr. Sie wohnten gleich, dachten gleich, sprachen gleich, kleideten sich gleich, unterhielten sich gleich, langweilten sich gleich, litten gleich, hatten die gleichen Lüste, Laster und Krankheiten, lebten und starben gleich. Es gab keinen Herrn Soundso mehr, es gab nur noch den Fabrikanten, den Bankier, den Beamten, Berlin W oder Berlin O, auch in der äußeren Erscheinung schon, man war Schwerindustrieller oder Künstler oder Arbeiter, und so sah man auch aus, nach Börse, Warenhaus oder liberalem Beruf, nicht nach sich selbst, selber war man nichts, und selber auch nur etwas scheinen zu wollen, auch nur in der Tracht, Haltung oder Mundart, galt für affektiert, es war unnatürlich geworden, selbst zu sein, so sehr, daß die paar Sonderlinge, die das noch versuchten, aus Dünkel oder Pose, gleich auch wieder ein gemeinsames Geschäft, einen gemeinsamen Betrieb daraus machten und gleich auch wieder einen gemeinsamen Typ gaben; auch ihnen gelang es nicht, persönlich zu sein, auch sie wurden ihrem Betriebe gleich wieder assimiliert: Café des Westens oder Schwabing. Nein, der Krieg hat nirgends erst das Individuum überwinden müssen, er fand gar keins mehr vor, er fand nur mehr Typen vor, in festen Verbänden zusammengeschlossene, von diesen Verbänden beherrschte, geformte, ganz unpersönliche Typen. Die Frage war auch gar nicht, keinen Augenblick lang, wie sich der einzelne zum Kriege verhalten, ob er ihn bejahen oder verneinen würde, der einzelne war ja gar nicht mehr da. Die Frage war von Anfang an und blieb in allen Phasen dieses Kriegs: was sagen die Gewerkschaften, was die großen Banken, was die Industrien? Es war eine furchtbare Kraftprobe der Nation und des Staats, aber keinen Augenblick dem Individuum, sondern immer nur den Verbänden gegenüber, die jedes Individuum längst aufgesaugt hatten. Die bange Frage war, ob der Staat noch Macht über die Verbände hatte. Das Individuum war nicht erst einzugliedern, es ist es längst, seine Kraft und sein Sinn waren nicht mehr zu fürchten, es hat keine mehr, das jetzt lebende Geschlecht wuchs schon auf in Reih und Glied. Aber daß der Staat die Macht bewies, nun auch die Verbände, diese Sammlungen von Individuen, und den Eigensinn, den Eigenwillen der Verbände seinem Sinn und seinem Willen einzureihen und einzugliedern, daß es doch über den Verbänden etwas noch Lebendigeres und Gewaltigeres gab, das war das ungeheure Erlebnis, schon der Mobilmachung. Denn im Frieden schien ja die Macht der Verbände längst der Staatsgewalt entwachsen, weit über die Grenzen des eigenen Staats, des eigenen Volks empor, und mit denselben Verbänden fremder Staaten, fremder Völker zusammen; die Verbände schienen international und übernational, zwischenstaatlich und überstaatlich geworden. Und wir atmeten auf, als der Krieg überall bewies, daß der eigene Staat, das eigene Volk doch stärker als der Interessenverband, daß das Vaterland überall noch mächtiger als die Weltwirtschaft, daß in der Stunde der Gefahr der Geist wieder Herr über den Bauch war.

Wenn also das Individuum schon vor diesem Kriege längst eingegliedert war, so kann die Wegwendung von 1789, die Heimkehr des damals atomisierten Individuums zur Gemeinschaft und Geschichte nicht die Idee von 1914 sein. Und wenn uns dennoch das Gefühl nicht verläßt, daß mit diesem Krieg eine neue Epoche beginnt, nicht bloß für uns, sondern für die ganze Menschheit, daß, wie Troeltsch gesagt hat, „um uns Zukunftsluft weht", und wenn wir verlangen, uns des Neuen dieser Epoche, uns dieser Zukunft, die wir wehen spüren, bewußt zu werden, so müssen die Ideen von 1914, die Ideen der von uns so stark als neu empfundenen Wirklichkeit, andre sein als der Abkehr von 1789, der Einkehr des Individuums in den allgemeinen Dienst. Nach einer solchen Idee, die der Ausdruck der neuen Wirklichkeit wäre, einer Idee der nahenden Zukunft, verlangt uns.

Irgend etwas Neues, Anderes, Unbekanntes muß in diesem Krieg erschienen sein, denn wir fühlen uns befreit, fühlen uns erlöst. Die Zeit vor dem Krieg war drohend durch ihre Willkür. Alles schien Zufall, und nirgends mehr, weder im Schicksal des einzelnen noch der Völker, ein waltendes Gesetz, alles unzusammenhängend. Jetzt aber empfinden wir überall Notwendigkeit, überall Schicksal, überall den festen Schritt einer bestimmenden Macht. Unser Gefühl ist, daß etwas an der Menschheit vollzogen wird. Wir hatten nur noch in lauter Relativitäten gelebt und werden staunend zum erstenmal wieder das Absolute gewahr.

Nach dem Absoluten, irgendeiner Form des Absoluten, irgendeinem letzten Punkt, woran er alles befestigen könnte, greift der Mensch immer, und nach einem Absoluten, das ihn selber dabei doch nicht vernichten, das ihn vielmehr bestätigen, das ihm seinen Raum anweisen soll. Das war das Furchtbare des „Betriebs", daß er das Individuum zu verschlingen schien; es gab keinen Schutz mehr vor ihm. Darum atmeten wir auf, als der Krieg diesen überstaatlichen und übernationalen Verbänden, worin Individuen, Völker und Staaten verschwanden, Grenzen wies. Er war ein Sieg des Vaterlands, ein Sieg des Staatsgedankens, ein Sieg des Geistes über die Wirtschaft, und damit eine Rettung des Individuums. Denn das Individuum fühlte sich nun nicht mehr bloß einer einzigen Macht untertan, und sobald es inne wird, daß es, seiner Natur nach, nicht bloß einer einzigen Ordnung, sondern verschiedenen Ordnungen angehört und gegen jede dieser Ordnungen Pflichten hat, hat es auch Rechte, es wird sicher, es kann von keiner mehr verschluckt werden, eine schützt es vor der andern. Das Wesen des Menschen, das vorher schon fast an den „Betrieb" verloren schien, haben wird durch den Krieg erst wieder kennengelernt. Staaten und Völker sind da bereit, sich, wenn es sein muß, ausrotten zu lassen. Wofür? Um zu verhüten, was ihnen unrecht scheint. Um zu beschützen, was ihnen recht scheint. Für Ideen. Die Fischer in der Bretagne werden nicht reicher und nicht ärmer, ob das Elsaß deutsch bleibt oder französisch wird, der russische Bauer hat nichts davon und der in Oberösterreich, Tirol oder Steiermark hat nichts dagegen, wenn der Zar in Konstantinopel einzieht. Es wird an diesem Krieg verdient, in London und in Berlin, aber nicht in den Schützengräben, nicht im Trommelfeuer, nicht von den Kämpfern. Gekämpft wird für Ideen. Und daran, daß die Menschheit bereit ist, für Ideen zu sterben, erkennt sie wieder, daß sie für Ideen lebt. Der Geist ist auferstanden, vom geistigen Tode der letzten dreißig Jahre sind wir erwacht, das hat uns dieser Krieg erbracht. Nicht bloß die Bindung des Individuums. Es war längst wieder gebunden, an den Betrieb. Aber dies war eine Bindung im Leeren. Diese leeren, seelenlosen, das Individuum vernichtenden Bindungen der wirtschaftlichen Gemeinschaften weichen nun höheren, weichen sittlichen, weichen Bindungen des Gefühls. Ein Staatsgefühl entsteht. In der liberalen Zeit ist der Staat im besten Fall als ein notwendiges Übel geduldet worden, in der Zeit des Betriebs ist er verstanden worden, der Staatsgedanke wuchs, aber erst der Krieg gab, auch den Massen, eine lebendige Staatsgesinnung, ein unmittelbares Gefühl für den Staat. Jetzt erst hat der einzelne, wie Erich Evert in seiner klugen Schrift über „Das innere Deutschland nach dem Kriege"[1]) sagt, das Gefühl, „selber der Staat zu sein — nur ein Teil zwar, aber doch etwas vom Staate

[1]) Diederichs in Jena; 1916.

selber, ein Stück von ihm, nicht bloß dazuzugehören, wenigstens nicht als Zubehör, sondern mindestens wie ein Angehöriger. Es sind eben andre, wärmere, organischere Empfindungen an die Stelle der bloßen Unterordnung getreten." Der Eingliederung in den wirtschaftlichen Verband, in den sozialen Beruf, in den Betrieb hat sich der einzelne gefügt, aber er ist ihrer nicht froh geworden, es hat ihm vor ihr gegraut, er ist bloß dazu genötigt gewesen, er hat bloß einem äußeren Zwange gehorcht, innerlich eher widerstrebend, er hat nicht anders können, er hat sich einordnen müssen, er hat es bloß erlitten. Aber jetzt ordnet er sich dem Staate willig, tätig, ja freudig ein. Staatsgesinnung, Staatsgefühl, Wille zum Staate sind plötzlich da, der einzelne steht dem Staate nicht mehr gegenüber, er stellt sich selbst in den Staat, der Staat ist nicht mehr die Obrigkeit, der einzelne nicht mehr der Untertan, Obrigkeit und Untertan sind verschwunden, seit beide sich eins fühlen, der einzelne sich als mitwirkendes, selbst den Staat tragendes, aber auch selber wieder vom Staate getragenes Glied fühlt, der Staat den einzelnen nicht bloß formt, sondern auch wieder selbst von allen einzelnen geformt wird. In den Nationalstaaten hat sich dieses neue Staatsgefühl unmerklich mit dem Nationalgefühl vermischt, das Nationalgefühl ist dadurch bloß sozusagen anders schattiert worden. Aber in den Völkerstaaten ist das Nationalgefühl durch das früher verborgene, jetzt im Krieg erst aufschießende Staatsgefühl gebändigt, zur Besinnung gebracht und zurechtgewiesen worden. Wo der Krieg in Völkerstaaten den einzelnen etwa zwang, zwischen Staatsgesinnung und Nationalgefühl zu wählen, hat der Instinkt überall, ohne zu zaudern, für die staatliche Pflicht gegen die nationale entschieden; wenn es vorkam, daß einer anders entschied, so war das immer ein Intellektueller, ein Entwurzelter, einer von den Verbildeten, die mit dem Herzen denken und mit dem Kopfe fühlen. Der natürlichen Empfindung der Massen war überall ihr Staat näher als die Nation, so hoch ist in diesem Kriege der Staat über alles gewachsen.

Aber zur selben Zeit, da der Staat so hoch, ja fast ins Grenzenlose, fast ins Unbedingte, fast zum Absoluten wuchs, fand er selber Grenzen, fand sich selbst auf einmal bedingt, fand sich selbst zum erstenmal eingereiht, und ein Höheres über sich, dem nun auch er wieder dient, wie das Individuum ihm. Auch die Staaten selber hat ja dieser Krieg in Reih und Glied gestellt. Nicht zwischen zwei Staaten geht er ja, sondern zwischen Staatengruppen, es steht nicht mehr Staat gegen Staat, sondern je ein Staatenverband gegen den andern, und hier wie dort herrscht das gemeinsame Ziel, dem der eigene Sinn, der eigene Wille eines jeden der verbundenen Staaten gehorcht, hier wie dort wird die Gruppe, wird der Verband mächtiger als jeder einzelne der verbundenen Staaten, und nicht etwa bloß notgedrungen ertragen die Völker dies, sondern sie stimmen so freudig zu, daß bald der Wunsch verlautet, diese zum Ziele notwendigen, vom Kriege gebotenen Vereinigungen, auch wenn das Ziel erreicht sein wird, nicht wieder aufzulösen, sondern auch im Frieden für die

Zukunft zu bewahren. Möglich, daß dieser Wunsch, vom Krieg erregt, mit dem Krieg wieder verlischt, aber daß er nur überhaupt einmal sich regen konnte, daß die Nationen, eben noch vom Ideal des abgeschlossenen Nationalstaates beherrscht, auch nur des bloßen Gedankens fähig waren, sich über der Nation noch etwas vorzustellen, dem nun auch sie wieder sich unterordnen müsse, wie das Individuum ihr, daß ihnen dieser Gedanke nicht einfach unerträglich, daß er ihnen nicht ein Verrat, ein Sakrileg schien, daß er ihnen vielmehr die Verheißung einer besseren Zukunft scheint, das hätte noch im Juli 1914 kein optimistischer Phantast auch nur für das nächste Jahrhundert vorauszusagen gewagt. Ein Buch wie Naumanns Mitteleuropa wäre damals unmöglich gewesen — und heute bemerken wir schon gar nicht mehr, was es uns zumutet! Es will die Gruppen, die die Not des Augenblicks gebar, verewigen: die Völker, die der Krieg verband, sollen auch im Frieden verbunden bleiben. Wird dadurch nicht das heiligste Recht aller Völker, sich selbst zu bestimmen, bedroht? Man kann darauf mit einer Gegenfrage antworten: Wird das Individuum durch Einordnung in den Staat bedroht? Es gibt Einordnungen, die als solche Drohung empfunden werden, nämlich wenn sich das Individuum dadurch in seinem Innern gehemmt fühlt. Seinen inneren Sinn behaupten, entfalten und darstellen zu dürfen gilt dem Menschen für ein Urrecht, und dieses Urrecht zu verteidigen, wenn es sein muß mit Gewalt, für eine heilige Pflicht. So 1789. Hat das Individuum aber den Weg zu seiner Eigenart erst frei, so wird es bald gewahr, daß es aus eigener Kraft allein sie niemals erreicht: es enthält mehr, als es selbst gestalten kann, seine beste Kraft bleibt in ihm stecken, wenn ihm nicht von außen geholfen wird, und irgend einmal erlebt jeder an sich selbst das Wort Goethes: „Was der Mensch auch ergreife und handhabe, der Einzelne ist sich nicht hinreichend." Das Gebot der Nächstenliebe ist im Grunde ein Gebot der Eigenliebe: Liebe deinen Nächsten wie dich selbst, weil du dann erst, nur an deinem Nächsten erst, zu dir selbst kommst!

Es ist bald fünfundzwanzig Jahre her, daß Ibsen, alt und geheimnisvoll, in Wien unter jungen Leuten saß. Die Nacht war vorgerückt, sie zechten scharf, das Gespräch wurde heiß, es ging, wie jedes damals, um Individualismus oder Altruismus, es war die Zeit der ethischen Bewegung. Das verdroß den Alten, der sich sein Recht auf Persönlichkeit durchaus nicht antasten ließ, er wurde wild und schlug auf den Tisch, bis es einem der Jünglinge, der später der Führer der österreichischen Sozialdemokratie wurde, noch im rechten Augenblick gelang, mit einer artigen Wendung die gute Laune wiederherzustellen, indem er sagte: „Ja, wenn ich Ihre Persönlichkeit hätte, die wäre mir auch genug! Und sie mag auch stark genug sein, im Unbedingten standzuhalten! Aber meine nicht, und so muß ich mich schon bescheiden, mir bleibt bei meiner Dürftigkeit und inneren Unzulänglichkeit nun einmal nichts übrig als mich anzuschließen und einzufügen, als aufzugehen im Allgemeinen." Das gefiel dem Alten, er ließ es lächelnd gelten, die Becher klangen wieder hell. Heute verstehen wir die Frage jener Zeit eigentlich kaum mehr recht, wir wissen heute, sie war im Grunde falsch gestellt, denn es gilt da doch gar kein Entweder — Oder, sondern ein Sowohl — als auch; wir würden Ibsen heute antworten: Eben um der Persönlichkeit willen wollen wir mit unsrer dienen, weil Erfahrung zeigt, daß Persönlichkeit sich ja niemals aus eigener Kraft allein, sondern immer am gemeinsamen Werke mit andern erst ganz erfüllt.

Es hat lange gebraucht, bis das Individuum, aus dem Rausche der Revolution erwachend, das wieder erkannte und sich allmählich erst wieder selbst verstand. Und wenn sich heute jeder zum Sozialismus in irgendeiner Form bekennt, so widerspricht er damit dem Individualismus gar nicht, Individualismus und Sozialismus haben einander durchdrungen, in unserm Sozialismus lebt ein unentbehrlicher Individualismus fort, unser „Sozialismus" ist im Grunde bloß ein wohlverstandener, ein besser unterrichteter Individualismus. Und ebenso hat auch der Krieg den Nationalismus nicht etwa widerlegt, er hat ihn nur besser belehrt, auch die Nation hat jetzt, wie das Individuum, erst sich selbst verstehen gelernt, es geht mit Mitteleuropa nicht gegen den Nationalismus, es geht, was Naumann, der mehr die Kraft des Ahnens als des Schauens hat, vielleicht noch gar nicht weiß, vielleicht auch nur noch nicht zu wissen wagt, um einen höheren, um einen wohlverstandenen Nationalismus, um einen unter vielen, zwischen vielen, so daß jeder davon durch die Nähe der andern zwar noch mehr gespannt, aber auch zur Selbstbesinnung genötigt und in seine Grenzen gewiesen wird. Denn wie das Individuum nach Goethes Wort „sich von der einen Seite zu verselbsten genötigt ist", aber doch auch „von der andern in regelmäßigen Pulsen sich zu entselbstigen nicht versäumen kann", so hat auch die Nation ein Recht auf sich selbst, dem keine jemals entsagen wird, dem sie gar nicht entsagen darf, sie muß auf Eigenart, innere Freiheit und Selbstdarstellung dringen und wehrt von sich ab, was ihr Wesen, ihren Sinn, ihre Form zu vergewaltigen oder auch nur irgendwie zu verwischen droht, aber keine wird doch auch wieder eine tiefe Sehnsucht ins Weite los, Sehnsucht über sich hinaus, Sehnsucht gerade nach dem Fremden, Sehnsucht aus der eigenen Enge zur allgemeinen Höhe, freilich zugleich mit einer geheimen Angst vor dieser Sehnsucht, Angst, ins Leere zu verschweben, selbst zu zerrinnen, sich zu verlieren oder doch zu verarmen an Eigenart, an dem gerade, was nur sie hat und was allein nur sie der Welt geben kann und was zur Welt zu bringen ihre Pflicht, ihre Sendung, ja ihre Rechtfertigung für sich selbst und vor den andern ist. Diese Angst jagt jede Nation immer wieder in sie selbst zurück, jene Sehnsucht zieht jede Nation immer wieder über sie selbst empor, und so schwankt sie, wie sie sich entscheiden, was sie wählen, und erst seit diesem Kriege weiß jede, daß sie beides soll, weil erst dieser Krieg jetzt einer jeden gezeigt hat, daß es sie nicht schwächt, sich einzureihen, sondern stärkt, daß sie, wenn sie sich einreiht, darum nicht aufhören muß, sie selbst zu sein, sondern gerade selbst, eingereiht, erst zu Kräften, eigenen Kräften kommt, die sie, mit sich allein, immer schon in sich drängen, aber zu entbinden, zu entfalten, gar zu gestalten sich ohnmächtig fühlte, ja daß sie, wenn sie sich einreiht, gerade dadurch eine Macht gewinnt, mit der sie's getrost wagen darf, eingereiht zu bleiben, ohne Angst für sich.

Das ist das Neue, das wahrhaft Neue, das überwältigend Neue, das uns dieser Krieg erbracht hat: wie die Individuen längst, sind nun auch die Nationen organisiert worden, durch Willensvereinigung zu gemeinsamer Tat an gemeinsamem Werk bei gesicherter Freiheit jeder nationalen Eigenart.

Organisation von Nationen ist die Tatsache dieses Krieges. Sie ist da, an allen Fronten. Wird sie uns nur erst auch noch bewußt, dann haben wir an ihr die „Idee von 1914".

Zeichen, wie stark sie sich ankündigt und selbst Widerstrebende nicht ausläßt, sind schon überall, Zeichen, wie wir unwillkürlich, ja widerwillig uns in einen neuen Raum gedrängt sehen, einen Raum über den Staaten. Der ganz im bürgerlichen Nationalismus aufgewachsene Kjellén, dem früher der Nationalstaat so sehr eine Notwendigkeit schien, daß er den Völkerstaat wider die Natur fand, selbst er muß in seiner letzten Schrift zugestehen, der Nationalstaat sei nicht das letzte Wort der Geschichte: „Es liegt nichts in seinem Wesen, was höhere Verbindungen verbietet", und „daß die Geschichte auch die Nationalstaaten zu höheren Verbänden zusammenschließen wird, ist um so weniger ein fremder Gedanke, als dies der einzig organische Weg zum Universalstaat ist, auf den wir ja alle einmal in Vollendung der Zeit hoffen". Und auch ein so streng national gesinnter Mann wie Friedrich Meinecke, so vom Geiste des Freiherrn vom Stein und Bismarcks durchdrungen, ein so kraftvoller und herzhafter Deutscher glaubt jetzt[1]) die „Flegeljahre des aufgeregten Nationalismus“ überwunden, der „zum großen Teil Pubertätsfieber war“, und hofft auf „ein föderatives und tolerantes Nationalgefühl in Mitteleuropa, das sich männlich bescheidet und die Notwendigkeiten der Lage anerkennt, denn zwingend und gebieterisch sind diese Notwendigkeiten. Der furchtbare konzentrische Druck von Westen und Osten zwingt alle mitteleuropäischen Nationen, sich zusammenzuschließen zu großen, leistungsfähigen Deichverbänden und sich dabei die Grundlagen ihrer nationalen Existenz zu garantieren. Je fester diese Deichverbände und je stärker die sie tragenden Solidaritätsgefühle sein werden, je mehr man aufeinander vertrauen lernt, um so weiter kann das Maß der politischen Bewegungsfreiheiten für alle angeschlossenen Nationalitäten gesteckt werden.“ Und er unterläßt nicht, auszusprechen, daß gerade damit nur „die Idee der Bismarckschen Reichsgründung in loseren Formen auf die Weltstellung Deutschlands übertragen wäre“.

Wohin wir uns wenden, überall blickt uns der Nationalismus jetzt anders an als vor dem Krieg, er hat ein neues Gesicht, ein zweites Gesicht, zur Zukunft hin, die ihn verändert, aber eben dadurch nur bestärkt. Denn nicht bedroht oder gefährdet wird das Nationalgefühl in den großen Verbänden, in die der Krieg die alten Staaten eingereiht hat, sondern vergeistigt und verklärt

[1]) „Probleme des Weltkriegs“, Neue Rundschau, Juni 1916.

durch die neue Idee. Aber — ist sie denn so neu, diese Idee einer Völkerverbindung zu gemeinsamer Arbeit an gemeinsamem Werk, die Idee von 1914?

1871 gab der alte Döllinger, als Rektor der Münchener Universität, dem damals aus Frankreich schallenden Ruf nach Rache und Vergeltung die deutsche Antwort: „Wir unsererseits nehmen dieses Kartell des Hasses und der Rache nicht an, nicht nur weil jeder Haß das Leben verbittert und verdüstert, sondern auch, weil wir meinen, Nachbarvölker seien bestimmt, als Brüder sich zu vertragen und einander zu helfen ... Wissen wir doch, daß alle christlichen Völker Glieder eines Bundes sind, welcher, wie er Befugnisse verleiht, so auch Pflichten auferlegt, und daß jede der großen europäischen Nationen ihre eigentümliche Aufgabe für das ganze Menschengeschlecht zu erfüllen hat."

Und schon 1809 schrieb Heinrich von Kleist für ein mit Dahlmann geplantes Wochenblatt einen Aufruf, da nennt er die deutsche Nation eine „Gemeinschaft, die, unbekannt mit dem Geist der Herrschsucht und der Eroberung, des Daseins und der Duldung so würdig ist wie irgendeine; die ihren Ruhm nicht einmal denken kann, sie müßte denn den Ruhm zugleich und das Heil aller übrigen denken, die den Erdkreis bewohnen; deren ausgelassenster und ungeheuerster Gedanke noch, von Dichtern und Weisen auf Flügeln der Einbildung erschwungen, Unterwerfung unter eine Weltregierung ist, die in freier Wahl von der Gesamtheit aller Brüdernationen gesetzt wäre."

Ein uralter deutscher Traum ist die Symphonie der Völker. Fichte hat ihn geträumt und Novalis, in seiner

Vision der alten Christenheit, ja schon Leibniz. Denn dieser Traum ist nichts als Erinnerung: der Deutsche will nur wieder, was er schon einst hatte. Denn der freie Völkerbund ist die germanische Form, in ihr beginnen unsre Stämme, Franken, Alemannen, Sachsen, ihr geschichtliches Dasein, und das Völkerreich Karls des Großen, das alle deutschen Stämme mit Galliern, Romanen und Slawen verband, ist es, das noch immer im Deutschen lebt, das kann er nicht vergessen, die Erinnerung daran ist die lebendige Kraft, der schaffende Trieb der ganzen deutschen Geschichte geblieben, sie hat die Hohenstaufen, sie die Habsburger beseelt, und was immer, wann immer durch Deutsche Großes geschah, jede wahrhaft deutsche Tat trägt die karolingische Spur, und selbst in dem heute lebenden, der Vergangenheit untreuen, an den Gelderwerb verratenen Geschlecht klingt die noch immer wache Sage nach, daß der alte Kaiser Karl immer wieder seine Raben aus dem Untersberg schickt, ihm zu melden, ob es denn noch nicht Zeit für ihn, wiederzukommen und die letzte Schlacht zu schlagen, in der die lichten Menschen über die finsteren siegen und dann das neue Reich aufrichten werden, das Reich der Freude, des Friedens und der Freiheit. So unvergeßlich, unauslöschlich, unsterblich ist dieser uralte deutsche Traum.

Aber diesen uralten deutschen Traum träumen auch andre Völker. Das ist sehr seltsam: jedes Volk Europas glaubt an ein Reich der freien Eintracht aller, aber erst, wenn es die andern mit Gewalt überwunden und sie zur allgemeinen Freiheit gezwungen haben wird.

„Jedes große Volk," hat Dostojewski gesagt, „glaubt und muß glauben, daß in ihm und nur in ihm allein die Rettung der Welt liegt, daß es bloß lebt, um an die Spitze aller Völker zu treten, sie alle in sich aufzunehmen und sie in voller Übereinstimmung zum endgültigen, allen vorbestimmten Ziele zu führen". „Politische Schriften". München, R. Piper. S. 212. Er, der in Rußland ganz allein die geistige Arbeit getan hat, die bei den andern Völkern an so viele verteilt war, der seine verirrte Nation aus dem Individualismus der „Westler", der Scheineuropäer, der Nihilisten wieder heimgeführt hat ins eigene Land und zur eigenen Erde, zum Volke zurück, der in seiner Person den Russen wurde, was uns das Erbe Goethes, die Romantik, die geschichtliche Sprachwissenschaft, die geschichtliche Rechtswissenschaft, der Anblick Bismarcks, der Kathedersozialismus und die Sozialdemokratie, was auch in allen andern Ländern erst das Ergebnis von Geschlecht zu Geschlecht geduldig fortgesetzter Einwirkungen vieler war, dieser einzige, sein Jahrhundert in sich versammelnde Mann, traute dem Volke, „in dem die Wahrheit ist", die Kraft zur Aussöhnung aller Widersprüche der geschichtlichen Menschheit in einer welterlösenden Synthese zu. Aber auch er nur seinem Volke. Wie wir alle. Alle Völker glauben, daß das letzte Wort der Menschheit noch nicht gesprochen ist, und alle Völker glauben, daß dieses letzte Wort die Gemeinschaft aller aussprechen wird, aber jedes glaubt, daß nur von ihm selber allein dieses Wort ausgesprochen werden kann, und erst, wenn ihm alle andern gehorchen. Diesen Glauben hat jedes Volk und muß ihn haben, wenn es sich nicht selbst verraten will. Und so, den ewigen Frieden alle verlangend, stehen wir im ewigen Kriege.

Solange, bis erst die Völker wieder etwas über sich anerkennen lernen werden, ein Gesetz, das nicht sie selbst sich geben, ein ewiges Gesetz, vor dem sie sich selbst vergänglich, dessen Werkzeuge sie sich fühlen. Der Anfang dazu ist jetzt da. Jene großen „Deichverbände" ordnen jedes der Völker, die durch die Not des Kriegs, durch den Willen zum Siege verwachsen, in den gemeinsamen Geist ein, einen Geist, zu dem sich alle diese Völker desselben Verbandes bekennen und der doch keinem dieser Völker allein gehört, der in ihrer Gemeinschaft und durch die Gemeinschaft erst entstanden, der etwas Höheres als jedes von ihnen, der über ihnen allen ist. Der Verband weist jedes dieser Völker auf das, was es ist, zurück, denn eben um jedem das, was es ist, die Freiheit seiner Eigenart zu sichern, ist er überhaupt erst entstanden, aber zugleich weist er jedes dieser Völker auch wieder über das, was es ist, hinaus, nämlich an die Gemeinschaft mit den andern. Jedes bleibt sein eigener Herr und lernt doch dienen, einer höheren Pflicht dienen, der es mit den andern zusammen gehorcht. Und wenn diese Verbände auch im Frieden erhalten bleiben und die Lehre, die sie schon durch ihre bloße Gegenwart sind, erst ein Jahrhundert lang auf ihre Völker fortgewirkt haben wird, dann können wir hoffen. Was Völkern wie Individuen am schwersten wird, hätten sie dann vielleicht gelernt, hätten das Recht auf Eigenart, das ein jedes für sich fordert, auch andern zugestehen gelernt, deren

Eigenart ja schließlich die Bedingung der eigenen ist, da doch, wären alle gleich, keine mehr eigen wäre, und hätten gelernt, daß, wie der Nation jedes Individuum mit seiner besonderen Kraft an seiner besonderen Stelle notwendig ist, um, eben indem es sich auswirkt, die Nation zu tragen, mitzutragen und so zugleich sein eigener Zweck, aber auch ihr dienendes Glied zu sein, so auch über den Nationen wieder aus den Nationen sich der katholische Dom der Menschheit erhebt, der mit seiner Turmspitze Gott berührt. In diesem Dome bedingt sich alles, alles ist Zweck und Mittel zugleich, alles, indem es, um ein viel mißbrauchtes Wort recht zu gebrauchen, sich auslebt, sich seiner Kraft freut, sich tätig erfüllt, wirkt eben dadurch fürs Ganze, dient dem Ganzen, gibt ebenso selber dem Ganzen seinen Sinn und empfängt ihn auch wieder vom Ganzen, da doch dieser ungeheure Dom der Menschheit, dem alle Völker und in ihren Völkern wieder alle Individuen dienen, zuletzt bloß dazu dient, den einzelnen Menschen mit Gott zu verbinden. Wie der einzelne, der sich freudig in den Dienst der Nation stellt, sich dadurch nicht verwischt, nicht aufhört, seine Kraft und Eigenart zu regen, sondern dieser, indem er ihr ein Ziel gibt, an dem sie sich äußern kann, selber nun erst recht inne wird, sie nun erst zur rechten Wirkung bringt, so kann auch die Nation am Werke der Menschheit erst alle Herrlichkeit entfalten, zu der sie und gerade nur sie mit der vom Anbeginn in ihr waltenden, ihr allein mitgegebenen, von Gott zugewiesenen Tugend bestimmt ist. Das gemeinsame Werk der Nationen, dieser Gottesdienst der Menschheit, wird kein fauler Friede sein. Krieg wird immer auf Erden unter den Menschen der Vater aller Dinge bleiben, wie der alte Heraklit gesagt hat. Aber es wird dann ein andrer Krieg, es wird ein Krieg um die größte Tüchtigkeit, um die beste Leistung, um den höchsten Einsatz reinster Menschlichkeit sein, um die wahre Gotteskindschaft.

Aber haben wir denn nicht, wir Österreicher, schon ein Zeichen, gleichsam ein kleines Modell dieser von den neuen Staatenverbänden des Kriegs verheißenen künftigen Form an unserm alten Vaterland? Ist unser altes Österreich nicht immer schon ein solches Weltreich im kleinen gewesen? Sind wir nicht seit je ein vielgliedriger, vielsinniger, vielwilliger Völkerstaat, in dem jedes einzelne Glied, jeder einzelne Sinn, jeder einzelne Wille der vielen Völker sich mit seiner ganzen Kraft zu regen und zu dehnen und zu strecken verlangt, aber alle diese wetteifernden Kräfte, so sehr sie bisweilen einander zu fliehen, einander zu widerstreben schienen, doch immer wieder auf einmal geheimnisvoll gesammelt und noch in jeder Stunde der Gefahr wieder eines Sinnes und desselben Willens waren? Unser Österreich ist lange verkannt worden, auch von uns selbst. Man glaubte zu sehen, jedes unsrer Völker wolle nur sich selbst. Man sah ganz richtig, man deutete bloß falsch, was man sah. Man sah den Trieb unsrer Völker nach Entfaltung der ganzen Kraft eines jeden, und man sah den dadurch erregten inneren Zwist. Man übersah, wie stark, wie sicher, wie fest wir uns doch fühlen mußten, wir uns wissen mußten, um solchen inneren Zwist überhaupt nur wagen zu können. Ein Zeichen unsres Verfalls, ja Zerfalls schien, was die Bedingung, der Urgrund unsrer Kraft ist. Immer will in Österreich jedes der vielen Länder, jedes der vielen Völker seinen angeborenen Eigensinn den andern abtrotzen, von den andern ertrotzen, den andern auftrotzen, aber eben dieser Trotz ist es, durch den jedes stärker wird und höher kommt, als es allein, von den andern abgesondert und auf sich selber angewiesen, jemals gekommen wäre, ja jemals kommen könnte; und so fühlt jedes doch, weiß jedes doch tief in sich, daß es die Gemeinschaft mit den andern, vor der ihm so bangt, dennoch nicht entbehren kann, um seiner selbst willen nicht, weil es eben in der Furcht, sein eigenes Wesen an sie zu verlieren, dieses eigenen Wesens erst ganz bewußt, habhaft und mächtig wird, fühlt und weiß jedes tief bei sich doch, daß es Österreich braucht, fühlt und weiß jedes tief bei sich, daß es um seiner selbst willen Österreich will, weil nur Österreich die ganze wirtschaftliche, geistige und sittliche Tauglichkeit, Tüchtigkeit und Tätigkeit eines jeden seiner Völker aus ihm holt, zu sich hebt und in sich vollendet.

Uns in Österreich ist die Idee von 1914 nicht neu, wir leben aus ihr seit so vielen hundert Jahren, wir sind ihrer nur jetzt erst wieder einmal recht bewußt geworden. Lernten wir für die Zukunft bewußt aus ihr handeln, so wäre viel gewonnen. Der Mensch hofft immer auf bessere Zeiten, bleibt aber selbst unverbesserlich. Auch der Krieg wird uns im Grunde kaum sehr ändern. Aber er hat uns zur Besinnung gebracht, zur Besinnung auf uns selbst. Wir haben wieder Zuversicht: Das Erlebnis unsrer inneren Unzerstörbarkeit wird fortwirken. Wir werden nicht aufhören, gegeneinander zu trotzen, uns neidisch, eifersüchtig, argwöhnisch zu messen, in Streit und Fehde miteinander zu stehen. Aber, hat Dostojewski einmal gefragt, können sich denn die Streitenden nicht doch zu gleicher Zeit auch liebhaben? Wir wissen jetzt, daß es beides zugleich gibt: den Streit und mit ihm, in ihm, über ihm, ja durch ihn, aus ihm gerade die Liebe!

Kaiser Karl

So wenig der Österreicher in Deutschland durch Verständnis für Österreich verwöhnt wird, zuweilen geschieht's doch, daß er, auch noch so sehr abgehärtet, noch so fest entschlossen, sich über gar nichts mehr zu wundern, dennoch wieder von neuem erstaunen muß. So jetzt wieder angesichts der Befriedigung, mit der man im Deutschen Reiche, sichtlich angenehm überrascht, gar nicht genug rühmen konnte, wie „glatt sich doch der Thronwechsel vollzogen"! Wir Österreicher, immer schon ein bißchen ängstlich, wenn man uns im Reiche lobt, wußten erst gar nicht gleich, was man damit denn eigentlich meinte. Uns war nichts aufgefallen; alles begab sich, wie wir es vorausgesehen; es konnte sich gar nicht anders begeben. Denn so sehr wir geneigt sind, schwarz zu sehen, so leicht wir kleinmütig werden, so wenig wir uns sicher fühlen, eins bleibt uns doch gewiß, und eins steht fest, daß wir in einer Monarchie leben, und in einer wirklichen. Das Gefühl, das wir für den alten Kaiser hatten, galt nicht bloß, wie man offenbar im Reiche meinte, seiner ehrwürdigen, auch noch durch Leiden geheiligten und durch das Alter verklärten Person, es galt nicht bloß dem Menschen Franz Joseph, es galt vor allem einfach dem Kaiser: es gilt dem Kaiser. Der Kaiser von Österreich, wer und was er auch sei, ist uns liebenswert, weil wir ja sonst nichts haben, was alle, welchen Volkes, welchen Standes, welchen Sinnes immer, lieben können. In ihm treffen wir uns. Er ist das Einzige, worin sich alle vereinigen. (Dem Denker genügt dazu die Idee, der einfache Mann braucht etwas Sichtbares, Greifbares, eine Gestalt, und Gott sei Dank, daß der Österreicher noch ein einfacher Mann ist und kein Josephiner.) Auf die Person kommt's im Grunde dabei gar nicht an; nicht das Individuum wird geliebt, sondern der Kaiser, in welcher Person immer. Weil er der Kaiser ist, wird er geliebt. Daß wir einen Kaiser haben, lieben wir. Und wir lieben ihn desto mehr, je mehr die Person im Kaiser verschwindet, je mehr sie ganz zur Erscheinung des Kaisers wird, wie das Volk diese braucht. Der bloße Verstand wird das „mystisch" finden. Österreich ist mystisch. Ganz auf Anschauung und Gefühl beruhend, bleibt es für den zerlegenden Verstand inkommensurabel. Österreich ist katholisch. Der Österreicher steht zum Monarchen ganz in demselben Verhältnis wie zum Priester, der sich, bei uns Katholiken, auch Achtung und Ehrfurcht nicht erst durch seine persönlichen Eigenschaften verdienen muß, weil in ihm ja nicht die Person, sondern die Weihe verehrt wird, der sich nicht erst anstrengen muß aufzufallen, etwas Besonderes zu tun, etwas Besonderes zu scheinen, dem sein Amt genügt. Auch unser Kaiser muß sich nicht erst anstrengen. Indem er der Kaiser ist, hat er schon alles, was er braucht. Das Manifest des jungen Kaisers spricht das wunderschön aus: „Als kostbares Erbe meines Vorfahren übernehme ich die Anhänglichkeit und das Vertrauen usw." Das ist das Geheimnis unsrer Kraft: er „übernimmt". Es ist ein Schatz da, seit Rudolf von Habsburg her, der wird von Geschlecht zu Geschlecht übernommen; der Erbe hat nichts erst anzufangen, er „übernimmt" und bewahrt, was von ihm einst sein Erbe wieder „übernehmen" wird. Weshalb der Österreicher auch am Kaiser nicht irre werden kann. Auch wenn er den Erben in Person nicht liebte, er müßte noch immer an ihm das Erbe lieben, und diese Liebe ist über alles stark, es ist die Liebe zum Willen Gottes. Daher auch des Österreichers Freiheit im persönlichen Urteil über den Regenten, die auch „draußen" oft mißverstanden wird. Sie hängt mit unsrer Neigung zur Selbstkritik zusammen und zeigt nur, wie sehr wir uns mit ihm identifizieren. Wir haben es auch nicht erst nötig, den Kaiser zur Heldengestalt oder Romanfigur zu machen: er steht als Kaiser so hoch, daß sein persönliches Verdienst, und wäre es noch so groß, an dieser Würde gemessen, gering erscheint; und wir sind auf ihn so stolz und unsres Gefühls für ihn so gewiß, daß wir lieber davon schweigen; es ist uns viel zu lieb, um Lärm damit zu machen, es wäre uns leid darum.

Der alte Kaiser war hoch in Jahren. Das jetzt wirkende Geschlecht hat ihn nur noch aus der Ferne gekannt; er war schon halb mythisch geworden. Der junge Kaiser ist leibhaft im Schützengraben gewesen; das Heer kennt ihn von Angesicht; er wandelt mitten unter uns, in Payerbach. Und er hat eine wunderschöne junge Kaiserin, und den kleinen Kronprinzen mit den blonden Locken umspinnt schon Legende. Wir sind ein heiteres Augenvolk, das nach Gestalt, nach Erscheinung verlangt. Und der Kaiser ist jung; da fühlen wir uns nun alle selber wieder jung; Frühling pocht in allen Herzen. Wie's im Elpenor heißt:

„Ein alter König drängt die Hoffnungen der Menschen
In ihre Herzen tief zurück
Und fesselt dort sie ein;
Der Anblick aber eines neuen Fürsten
Befreit die lang gebundnen Wünsche.
Im Taumel dringen sie hervor,
Genießen übermäßig, töricht oder klug,
Des schwer entbehrten Atems."

Und der junge Kaiser steht ja nicht allein. Er hat einen mächtigen Helfer bei sich. Denn seit dem ersten Tage fühlen wir: In ihm ist uns Franz Ferdinand auferstanden! Der teure Name ist seitdem auf allen Lippen, sein Werk geschieht jetzt und wir sind indessen für ihn gereift. Jetzt verstehen wir ihn erst, seit seinem Tode lebt er erst! Nun dürfen wir es ja eingestehen: wir sind seiner unwert gewesen, sind seiner die längste Zeit unwert geblieben. Er war sein Leben lang unbeliebt, er war uns fast unheimlich. Er war der Ernst, die Sachlichkeit, das Gewissen; das alles fand man damals doch eher unösterreichisch. Er lag auf dem Lande wie eine Drohung. Wir lassen uns so gerne Zeit, er war die Ungeduld selbst. Morgen ist auch noch ein Tag, pflegen wir zu sagen; er, vielleicht im Vorgefühl seines Schicksals, wollte davon nichts wissen. Wir waren gewohnt, selbst das Schwerste mit einer angenehmen Leichtigkeit zu behandeln; er nahm auch das Geringste noch schwer. In unserm heiteren Land blieb dieser tragische Mann unbekannt. Wir wußten nicht, daß er mehr als alle wußte, daß er voraus wußte. Wir lebten im Augenblick, er der Zukunft. Daß wir noch eine haben, noch einer Zukunft fähig sind, verdanken wir ihm, nur ihm, jetzt wissen wir's. Dieser tief einsame, scheu gewordene

Mann, dieser Fremde, dieser so gar nicht „gemütliche" Sonderling, der wie ein Gewitter an unserm Horizont stand, hat, er ganz allein, die Pflicht seiner ganzen Generation erfüllt. Erst in der Mobilisierung erfuhren wir, was durch ihn geschehen war: Österreich war gerüstet! Wir verdanken es diesem einzigen Mann. Die österreichische Mobilisierung war der Triumph des toten Franz Ferdinand. Der hat in furchtbaren Jahren uns durch seinen unbeugsamen Willen unsre Wehrkraft abgetrotzt, aufgedrängt. Dem danken wir's, daß der Krieg uns bereit fand. Und ihm danken wir's auch, daß die große Stunde den jungen Kaiser Karl gerüstet und bereit fand: bereit, das Testament Franz Ferdinands zu vollstrecken, ein neues starkes Österreich. Ihm danken wir die gelassene Sicherheit, mit der unser junger Kaiser jetzt die rechten Männer an die rechten Stellen zum Werk bringt.

Randgespräch

Jedes ausgesprochene Wort, heißt's in Ottiliens Tagebuch, erregt den Gegensinn. Das ist so wahr, daß es sogar auf unser eigenes zutrifft. Selbst unser eigener Gedanke mutet uns, ausgesprochen, so seltsam fremd an, daß wir ihn kaum wiedererkennen und nicht übel Lust haben, ihn zu verleugnen. Sobald er nämlich zum Worte wird, verliert er den Zusammenhang, der ihn trägt, er tritt aus den Bedingungen heraus, unter welchen er gilt, aus der Umgebung, deren Licht und Schatten ihm erst seine Farbe geben, und indem er sich im Worte sozusagen selbständig macht und auf eigene Faust zu leben versucht, zeigt sich, daß das über seine Kraft geht. Wenn wir uns aussprechen, widersprechen wir uns eigentlich schon. Das ist im lebendigen Gespräch noch allenfalls erträglich, wo der Ton, der Blick, mit dem wir das Wort begleiten, es steigert oder schwächt, ausfüllt oder halb wieder zurücknimmt, jedenfalls aber auf uns einschränkt und ihm so das Anmaßende nimmt, wodurch das geschriebene und gar das gedruckte Wort so herausfordernd wird. Was man sich ruhig sagen läßt, läßt man sich deshalb noch lange nicht schreiben. Wer weiß nicht aus eigener Erfahrung, wie leicht ein Brief mißverstanden wird? Ich bin als Redner oft freundlich angehört worden, und erst, wenn die freundlichen Hörer es dann am nächsten Tage schwarz auf weiß in der Zeitung lasen, ärgerten sie sich auf einmal. Mich wundert's nicht, weil's ja mir selbst nicht besser geht, auch mit meinen eigenen Reden nicht. Gerade jetzt, als ich die Korrekturen dieser Aufsätze las, widerfuhr mir das wieder. Sie sind im Reden entstanden, aus Vorträgen, die ich zur Kriegszeit in Deutschland hielt, die Gelegenheit benutzend, um für mein lange verkanntes Vaterland zu werben. So wurden sie von einer deutschen Stadt zur andern ausgeprobt, und was in der einen heute für mein Gefühl noch nicht ganz gewirkt hatte, gab ich mir Mühe, morgen in der nächsten entweder ausführlicher oder einfacher zu sagen, ließ weg, was vielleicht überhaupt nur ein geborener Österreicher verstehen kann, oder umschrieb behutsam, was, wenn man es beim Namen nennt, dem deutschen Vorurteil (welches Volk hätte kein Vorurteil? Gerade seine beste Kraft steckt oft im Vorurteil!) zu viel zugemutet hätte, nahm auch mit der Zeit sozusagen die geistige Mundart meiner Hörer an, und erst als schließlich in meinen Reden nichts mehr undeutlich, nichts mehr mißverständlich, nirgends mehr ein toter Punkt schien, entschloß ich mich getrost, sie nun auch dem Setzer anzuvertrauen. Nun aber, selbst mein erster Leser, muß ich erleben, daß sich jener üble „Gegensinn" in mir selber gegen mich regt: ich falle mir bei jedem dritten Satz selbst ins Wort, das mir bald zu laut, bald zu blaß, einmal unbescheiden, dann wieder nicht dreist genug, hier übergreifend, dort unausreichend scheint, bis ich, indem ich es verbessern will, zuletzt erkennen muß, daß dadurch nichts besser wird, weil die Schuld gar nicht an meinen Worten liegt, sondern an der Vermessenheit des Unterfangens, Österreich, mein unaussprechliches Vaterland, das ewige Geheimnis, in endliche Worte zu fassen! Was sich von Österreich kund tun, ja was sich davon überhaupt nur gewahren läßt, ist nur der geringste, der armseligste Teil seines tief verborgen strömenden Wesens, das bloß, wer aus ihm lebt, in bangen Ahnungen erfühlen kann. Doch was hilft's, daß ich mir das tausendmal sage? Österreich auszusprechen, welche Torheit! Musik erzählen wollen, wie kindisch! Das Heilige mit Namen nennen! Aber der „Eigensinn des Genius" läßt nicht ab, mir's immer wieder aufzutragen. Und ich schreibe ja schließlich gar nicht über Österreich, ich mache mir nur in Liebesbriefen an Österreich Luft! Was liegt da viel an den Worten? Und nur aus Rechtschaffenheit, um mein Gewissen zu beschwichtigen, sei noch hier oder dort vor Mißverständnissen gewarnt.

So gleich anfangs, Seite 9, wenn ich sage, daß Österreich an die Seite Deutschlands gehöre, daß sein Platz bei Deutschland sei. Da meldet sich mein Widerspruch: Nein, wir sind kein Seitenland, das einem andern beigefügt wird! Muß ich erst beteuern, dies auch nicht zu meinen? Aber wie will man es anders ausdrücken, wenn Gott zwei Geschöpfe nebeneinander gestellt und ihnen in demselben Raum ihre Plätze zugewiesen hat? Deutschlands Platz ist bei Österreich, Deutschland gehört an die Seite Österreichs und Österreichs Platz ist bei Deutschland, Österreich gehört an die Seite Deutschlands, das ist gar nicht eine Forderung, das ist kein Wunsch, das ist kein Programm, geschweige denn eine Rangordnung, eine Klassifikation, es ist ein Ausspruch der Wirklichkeit selbst, der geschichtlichen, der geographischen, der geistigen Wirklichkeit. Ob wir wollen oder nicht, werden wir gar nicht gefragt, und es wird auch nicht gefragt, ob wir sollen oder nicht, denn wir können gar nicht anders, es hilft uns nichts, wir müssen. Und wer Österreich von Deutschland entfernen will, aber auch wer Österreich in Deutschland einziehen will, will wider Geschichte, Geist und Natur.

Ferner, Seite 28. Auch hier wehrt sich etwas in mir dagegen, andern Völkern zuzumuten, sie sollten „deutschen Willens" sein. Doch ist damit ja keineswegs gemeint, sie hätten ihren Willen aufzugeben, um den Deutschlands anzunehmen. Es ist vor allem überhaupt nicht politisch gemeint, sondern geistig. Und wieder ist auch hier keine Forderung gestellt, nicht wird diesen Völkern geraten oder empfohlen, deutschem Sinne zu vertrauen, sondern auch hier wird wieder nur ausgesprochen, was mir ein unvermeidliches Ergebnis ihrer ganzen Entwicklung scheint: wie sie nun einmal geworden sind, als die Begegnungen von Orient und Okzident zu der weltgeschichtlichen Spannung, die das Wesen Österreichs ausmacht, können sie gar nicht anders, sie müssen, um sich selber ganz zu erreichen, deutsch gesinnt und deutsch gewillt sein, ihr Wille kann sich nicht gegen den deutschen kehren, aus ihrem ureigenen Sinn heraus muß er sich auf den deutschen richten.

Zu Seite 101. Diese Betrachtung Böhmens gab unserm Engelbert Pernerstorfer Anlaß zur folgenden Antwort:

Lieber Hermann Bahr,

vor reichlich mehr als dreißig Jahren kamst Du, um die Universität zu besuchen, nach Wien. In Deinem Gepäck war ein dickes Manuskript, das Du mir, dem erheblich Älteren, brachtest. Es blieb damals und bis heute ungedruckt. Seit dieser Zeit habe ich Deine Laufbahn aufmerksam verfolgt. Du warst ein Losgeher, politisch sehr interessiert, glaubtest nicht an Österreich, benahmst Dich, wie die ganze damalige deutsche Universitätsjugend, irredentistisch, und die Universitätsbehörden hatten ihre liebe Not mit Dir. Du wurdest in Wien relegiert, weil Du beim Richard-Wagner-Kommers eine prächtige Rede gehalten hattest, die oben sehr mißfiel, suchtest die Grazer Universität auf, wo man Dir schließlich bedeutete, man sähe Dich doch lieber woanders, und beschlossest zuletzt, Czernowitz zu beglücken, in der sicheren Hoffnung, im fernen Orient Dich leichter austoben zu können. Doch auch hier ereilte Dich Dein Verhängnis. Da schütteltest Du den österreichischen Staub von Deinen Füßen und gingst nach Berlin. Damals schien es fast, als wolltest Du Dich der Politik in die Arme werfen.

Damals schriebst Du als Antwort auf Schäffles „Aussichtslosigkeit des Sozialismus" - das glänzende Pamphlet „Die Einsichtslosigkeit Schäffles", eine Schrift, die zu wenig bekannt ist. Nach einem Jahre Paris machtest Du in Wien Dein Einjährigenjahr und entdecktest den Österreicher in Dir, der Du dann bis heute geblieben bist. Eigentlich wurdest Du Österreicher, wie ich glaube, von der ästhetischen Seite her. Du entdecktest Dich in der österreichischen Art oder die österreichische Art in Dir. Der aktiven Politik hattest Du abgesagt. Du gingst ganz und gar in der Literatur auf und arbeitetest mit unermüdlichem Fleiße. In Wien wurdest Du für einen bestimmten Kreis der Mittelpunkt und entdecktest an allen Ecken und Enden Talente. Aber nicht nur ein Entdecker warst Du, Du gehörtest auch zu den größten Überwindern. Alles wolltest Du kennenlernen und ausüben, um es zuletzt zu überwinden, und wenn es wahr ist, was man von Deinem neuesten Katholizismus hört, so darf uns wohl nichts mehr an Dir überraschen. Und doch bringst Du es fertig, in dem Artikel „Böhmen" im Januarheft der „Neuen Rundschau" Ansichten vorzubringen, die genug Überraschendes enthalten und die nicht ohne Widerspruch bleiben dürfen. Die deutsche Öffentlichkeit hat sich um das österreichische Problem seit je zu wenig gekümmert. Hoffentlich wird das jetzt anders. Aber dann soll wenigstens dafür gesorgt werden, daß das deutsche Lesepublikum nicht einseitig berichtet werde. In Deinem Artikel scheinen mir aber Wahrheiten mit Halbwahrheiten und Unvollständigkeiten so vermengt zu sein, daß er nach Richtigstellung schreit.

Vorerst sei festgestellt, daß der deutschnationale Irredentismus, der die deutsche Universitätsjugend Österreichs in der zweiten Hälfte des vorigen Jahrhunderts beherrschte, entschwunden ist. Wenn man von Böhmen spricht, ist es notwendig, diese Tatsache hervorzuheben. Denn die Tschechen haben die ganzen Jahre hindurch immer diesen deutschen Irredentismus in den Vordergrund geschoben, um ihren österreichischen Patriotismus in ein helleres Licht zu setzen. In Wirklichkeit war die „Preußenseuchelei" immer nur in jedem Sinne des Wortes eine „akademische" Bewegung. In weiteren Kreisen der Bevölkerung hat sie nie in irgend erheblicher Weise Fuß gefaßt. Dazu sind die Deutschen nicht genügend national-chauvinistisch. Selbst die siebzehnjährige deutschgegnerische Regierung des Grafen Taaffe hat es nicht zustande gebracht, den kaisertreuen Patriotismus der deutschen Bevölkerung zu erschüttern. Die deutsche Studentenschaft freilich, besonders die farbentragende, die überall die Führung hatte, machte viel Radau und veranlaßte die Regierung sogar im Jahre 1886 dem Wiener Parlamente ein Ausnahmsgesetz für studentische Vereine vorzulegen, das nach der ersten Lesung an einen Ausschuß gewiesen wurde, aus dem es nie wieder ans Tageslicht kam.

Aus den jungen Stürmern wurden besonnene Männer, und die Entwicklung der Dinge in Deutschland und Österreich zeigte deutlich, daß das nationale Interesse des gesamten deutschen Volkes gebieterisch fordere, daß die Deutschen Österreichs ihre Stellung behaupten. Die neue Generation der deutschen Österreicher weiß genau, daß das Deutschtum in Österreich große staatliche und nationale Aufgaben zu erfüllen hat. Sie hat das schon vor dem Kriege gewußt, der Krieg hat es noch deutlicher gemacht.

Nun stehen wir in Österreich sorgenvoll vor den großen Problemen, die unser nach dem Kriege, sobald und sofern er siegreich beendet sein wird, harren. Es sind Fragen von größter Wichtigkeit. Es handelt sich um tiefgreifende Neuordnungen und Neugestaltungen. Auch Deutschland hat diese Sorgen. Aber sie sind bei uns unvergleichlich komplizierter, und es stehen ihnen bei uns sehr viel mehr Schwierigkeiten gegenüber als draußen im Reiche. In einer solchen Lage ist jedermann, der glaubt, etwas Förderliches sagen zu können, verpflichtet, seine Stimme zu erheben. Und Du bist nicht der erste beste. Deine gute österreichische Gesinnung, Deine mannigfache Beschäftigung mit Dingen des öffentlichen Lebens, Dein eindringlicher Verstand legitimieren Deine Stimme schon von vornherein. Da nun aber ein Wort von Dir gewichtiger ist, als eine beliebige andre, so erfordert es um so sorgfältigere Prüfung.

Du beginnst gleich mit einem Worte, das bestechend wirkt, aber wie alle geistreichen Worte ebenso richtig wie schief ist.

Wenn Fox sagt, man müsse Irland irisch behandeln, so hat er recht. Wenn man dieses Wort sinngemäß auf Böhmen anwenden will, so ist es falsch. Irland wurde, als England es eroberte, ausschließlich von Iren bewohnt. Es hatte also das Recht zu fordern, daß es nach dem Interesse seiner Nationalität regiert werde. Das hat bekanntlich England nicht getan. Es hat vielmehr alles versucht, um die irische Nation auszulöschen, was ihm wenigstens so weit gelungen ist, daß die irische Sprache bis auf wenige Reste heute ausgetilgt ist. England hat bis auf den heutigen Tag das irische Problem nicht gelöst, sondern vielmehr durch die englische Besiedlung Ulsters beträchtlich kompliziert. Böhmen war schon in alten Zeiten kein national einheitliches tschechisches Gebiet, und obwohl die deutschen

Einwanderer von bodenständigen tschechischen Herrschern ins Land gerufen wurden, entstand sofort der nationale Gegensatz, der bald in bitterste Feindschaft ausartete. Sie erklomm einen Gipfel in den Zeiten des Hus und der Hussitenkriege und kam nie zum Stillstande.

Das Wort: man solle Böhmen böhmisch regieren, sagt uns also gar nichts. Böhmen war und ist eine geschichtliche und dynastische Einheit, keine nationale. Böhmen böhmisch regieren heißt also in Böhmen das nationale Problem lösen. So wie Österreich österreichisch regieren nichts andres heißt, als jene staatliche Form finden, die es den österreichischen Nationen ermöglicht, miteinander auszukommen. Bisher ist das nicht gelungen. Wenn trotzdem die Hoffnung unsrer Feinde auf den Zerfall Österreichs zunichte geworden ist, so ist dies wesentlich dem starken dynastischen Gefühl der österreichischen Völker zuzuschreiben. Österreich wird zusammengehalten durch die Geltung des „Hauses Österreich“. Aber eine organische Einheit ist dadurch Österreich nicht geworden. Nach dem Kriege werden die nationalen Reibungen sofort wieder einsetzen. In Österreich und in Ungarn. Dabei wird die deutsch-tschechische Frage wieder im Vordergrunde stehen. Sie wird uns noch viel Sorge machen.

Du suchst die Entstehung Österreichs sozusagen geschichtspsychologisch zu erklären. Es ist viel Geistreiches in dem, was Du sagst. Aber wenig, was zu unsrer nüchternen Erkenntnis beiträgt. Die Dynastie Habsburg wollte Länder erwerben. Um das zu verstehen braucht man in die Herrscher und in die Völker nicht viel hineinzugeheimnissen. Jene hatten den „Drang nach Ausdehnung und Verbindung" des Erworbenen. Diese waren wohl mehr Werkzeuge als selbstbewußte Faktoren. Die konstitutiven Nationen Österreichs, die Deutschen, Tschechen und Magyaren hatten weder bewußt noch auch nur unterbewußt das Bedürfnis, sich aneinander zu reihen, weil sie dadurch ihr eigenes Wesen auswirken wollten. Sie wollten einfach einander beherrschen. Wenn die tschechischen und magyarischen Herrscher Fremde ins Land riefen, so hatte das durchaus wirtschaftspolitische Gründe. Sie brauchten für ihre dünnbevölkerten Gebiete Menschen, und zwar solche Menschen, die ihren eigenen „Untertanen" in der Zivilisation und Kultur überlegen waren. Da kamen nur die Deutschen in Betracht.

Bleiben wir nun bei Böhmen, von dem Du ja ausgehst.

In Böhmen, sagst Du, „verfitzt sich die allgemeine österreichische Frage noch mit einer besonderen nationalen". Nebenbei bemerkt ist das fast in allen Kronländern, den „historisch-politischen Individualitäten" Hohenwarts, für die Du so schwärmst, gleichermaßen der Fall. Nur Ober- und Niederösterreich, Salzburg und Vorarlberg sind ungemischt deutsch. Lauter kleine Länder. Aber das Besondere an Böhmen ist, daß hier der nationale Gegensatz seit Jahrhunderten da ist und bestimmend einwirkt. Er wäre wahrscheinlich längst zuungunsten der Deutschen entschieden, wenn nicht die Gegenreformation aus Böhmen für zwei Jahrhunderte einen Friedhof gemacht hätte. Denn der Tscheche ist seit je im Nationalismus stärker als der Deutsche. Man muß ja gewiß mit völkerpsychologischen Behauptungen sehr vorsichtig sein, aber die Tatsache, daß die Deutschen sich leicht von andern Nationen aufsaugen ließen, ist doch geschichtlich so gut bezeugt, daß man sie wohl als unwiderleglich hinstellen kann. Im Dreißigjährigen Kriege wurde der tschechische Adel fast ausgerottet. Welche Rolle der Adel in jener Zeit in jedem Volke spielte, ist bekannt. Bis auf ein paar Familien verschwand der nationale tschechische Adel vollständig. Seine Güter wurden adligen Söldnern aus dem Auslande entweder geschenkt oder gegen „langes Geld“ verkauft. Der heutige tschechische Adel trägt meistens deutsche oder fremdsprachige Namen. Jüngere Söhne aus vornehmen Geschlechtern Frankreichs, Englands, Irlands, Spaniens, Italiens eilten unter die kaiserlichen Fahnen, zeichneten sich aus und erhielten zur Belohnung Landbesitz. Ich nenne nur beispielmäßig drei Namen: Taaffe, Buquoi, Sylva-Tarouca. Viele der ältesten deutschen Adelsgeschlechter, wie die Schwarzenberge, gingen völlig zum Tschechentum über. In den achtziger Jahren gab es als Vertreter des feudalen Adels, das heißt des tschechischen Adels, einen Kleist und einen Lützow, die fleißig mit den Tschechen gegen die Deutschen stimmten. Man würde aber irren, nähme man etwa an, daß die Gegenreformationen das deutsche Element in Böhmen gestärkt habe. Beide Völker lebten in gleicher Knechtschaft und Erniedrigung. Die Jesuiten unterrichteten lateinisch und erst später auch deutsch, die Sprache der Behörden und des Hofes war deutsch. Daraus ergab sich ein gewisses Übergewicht des Deutschen. Die besten tschechischen Schriften gehörten dem Kreise der mährischen Brüdergemeinden an, waren also schon deswegen strengstens verpönt, und obwohl in gewissen adligen Kreisen aus einer gewissen politischen Koketterie noch ab und zu tschechisch gesprochen wurde, sank die Sprache immer mehr zu einem Bauernidiom herab. Die Zentralisationsbestrebungen Maria Theresias, von Josef II. allzu heftig betrieben, verstärkten die Geltung der deutschen Sprache, aber auch die nationalen Gegenbewegungen. Dabei ist es bemerkenswert, daß die literarische Wiedergeburt der tschechischen Sprache und Dichtung, trotz den schon bestehenden nationalen Gegensätzen, aus deutschem Geiste hervorging. Doch davon später noch ein Wort. Genug: seit einem Jahrhundert hat das tschechische Volk sich national wieder vollständig erholt und steht heute in gesammelter Volkskraft da. Aber der Gegensatz zwischen Tschechen und Deutschen ist je länger, je heftiger geworden. Um die Mitte des vorigen Jahrhunderts konnte man vielleicht noch meinen, es werde alsbald zu einer Art Verständigung zwischen den beiden Völkern in Böhmen kommen. Die deutschen Dichter Böhmens (Moritz Hartmann usw.) behandelten tschechisch-nationale Stoffe mit Liebe und herzlicher Sympathie. Noch 1848 gab es Bande herüber und hinüber. Aber sie wurden von Jahr zu Jahr lockerer und lösten sich schließlich vollständig. Heute gibt es zwischen Deutschen und Tschechen in Böhmen keinerlei gemeinsames Geistesleben. Die beiden Völker haben sich in den zwei letzten Geschlechterfolgen nicht genähert, sondern voneinander entfernt. Du sagst: „Im Herzen beider Nationen steckt das alte böhmische Volk.“ Was soll das heißen? Das ist eine völlig unbewiesene und unbeweisbare Behauptung. Es gibt nicht und gab nie ein „böhmisches Volk“. Die böhmische Bevölkerung lebte immer im nationalen Gegensatz. Wenn Du aber den Fürsten Thun als den Mann bezeichnest, der auf dem besten Wege war, Böhmen „böhmisch“ zu regieren und die Völker zu versöhnen, dann gehst Du gewaltig in die Irre. Diese Meinung kann Dir nur Thun selber beigebracht haben. Oder einer seiner tschechischen Freunde, unter deren Einfluß er vollständig gestanden. Wer aber Thun irgendwie selber an der politischen Arbeit gesehen hat, ist von seiner totalen Unfähigkeit völlig überzeugt. Wohl seine tschechischen Freunde selber, deren williges Werkzeug er war. Als Ministerpräsident Stürgkh vor nicht langer Zeit wieder einmal den hundertmal schon mißlungenen Versuch machte, die Deutschen und die Tschechen zu neuerlichen Ausgleichsverhandlungen zu bewegen, scheiterte er von Anfang an daran, daß die Deutschen erklärten, zu gemeinsamen Besprechungen nur dann bereit zu sein, wenn der Statthalter Thun ihnen fern bleibe. Thun hatte nicht einmal den Takt, seinen Statthalterposten der Regierung zur Verfügung zu stellen. Er mußte doch einsehen, daß er ein Hindernis der Verständigung sei. Sein Hochmut und seine Eitelkeit ist aber stärker als sein patriotisches Gewissen. Wäre er damals zurückgetreten, hätte er etwas geleistet. Nun ist er doch, und zwar nicht sehr rühmlich, gegangen.

Du fällst über die Politiker her: sie seien an allem schuld. Sehr richtig: die Politiker sind an der Politik schuld. Und da in Österreich bisher schlechte Politik gemacht wurde, so ist die Folgerung weder tiefsinnig noch überraschend, daß die Politiker Österreichs nichts taugen. Wenigstens die nicht, die, wie wir sagen: an der Spritze stehen. Diese Wahrheit soll man natürlich so laut als möglich und so oft als möglich hinausschreien. Vielleicht wird sie doch einmal eingesehen. Von unten her. Denn die Politiker kommen aus dem Volke, das sie erwählt, und jedes Volk hat eben die Politiker, die es verdient. Auch Du willst ja das Volk anrufen. Das Elend der Völker kommt nicht vom Elend der Politiker, sondern das Elend der Politiker kommt vom Elend der Völker. Was nebenbei in Deinem Munde das Wort „Westler" als Scheltwort bedeuten soll, kann ich nicht recht begreifen. Ich sehe in dem Treiben der führenden Politik so gar nichts Westlerisches. Ich bin noch immer der Meinung Kürnbergers, der die Fehler Österreichs in seinem Asiatentum sah. Was Du im „Politiker" grundsätzlich Verwerfliches siehst, das kann ich mir schon vorstellen. Aber das ist nicht zu ändern, solange „der Menschheit große Gegenstände" Macht und Herrschaft sind. Deine zweite Wut gilt dem österreichischen „Hofrat". Ich fühle nicht den Beruf in mir, ihn zu verteidigen. Schon als Vertreter des starren Bürokratismus ist er eine unsympathische Figur. Aber bisher hat dieser Bürokratismus den Staat Österreich noch notdürftig zusammengehalten. Wir brauchen neue Formen, und mit ihnen wird der alte österreichische Hofrat verschwinden. In der geschichtlichen Betrachtung wird er aber wesentlich anders ausschauen, als Du ihn darstellst. In allen Deinen Wandlungen bist Du immer Impressionist geblieben. Den Eindrücken des Tages bist Du hemmungslos unterworfen. Du siehst den Krieg und in ihm die militärische Stärke Österreichs, und heute meinst Du, der österreichische Hofrat, die österreichische Schlamperei und alle österreichischen Laster seien verschwunden. Auch der ganze Nationalismus in seinen vielfachen Formen. Gemach, lieber Freund. Über all diese Dinge wollen wir nach dem Kriege wieder reden. Der Krieg hat die Völker Österreichs in der Verteidigung geeinigt. Aber es ist doch etwas überschwenglich, wenn Du gleich sagst: „Österreich atmet auf." Vor allem: wir glauben, daß wir im freien Atmen gerade jetzt nicht ganz ungehindert seien. Geradezu grotesk aber ist es, wenn Du von Österreich meinst: „Seine schlimmste Gefahr, der Nationalstaat, ist vorbei." Österreich ein Nationalstaat? Das war es doch nie, und eigentlich ist die Zeit, wenn sie einmal da war, längst vorüber, wo man davon träumen mochte, Österreich zu einem Nationalstaat zu machen. Ungarn will ein Nationalstaat sein. Es wird sich auf die Dauer als das erweisen, als was Österreich schon seit langem erkannt ist: als Nationalitätenstaat. Aber wer kann glauben, daß in einem Nationalitätenstaat der Nationalismus plötzlich verschwindet, da er doch vielmehr auf ihm aufgebaut ist. Du bist in beneidenswerter Weise hellseherisch: „Schon ringt sich aus den blutigen Dämpfen dieses Krieges eine neue Gestalt empor." Wie Du Dir das vorstellst, ist wohl ein Luftgebäude. Wir andern, nüchterneren, hoffen, daß sich eine Neugestaltung bilden werde, aber wir wissen mit völliger Bestimmtheit, daß diese neue Gestalt nur unter schweren Wehen wird geboren werden.

Du hast es Dich nicht verdrießen lassen, um das böhmische Problem zu studieren, nach Prag zu reisen. Du hast allerlei Unerfreuliches gehört und dabei doch den Eindruck erhalten, daß die Tschechen bei Österreich bleiben wollen. Das war im November 1915. Ich denke, dieser Wille wird heute noch viel stärker sein. Er ist auch sehr vernünftig. Nur fürchten sich die Tschechen vor Germanisierung. Dabei wäre es wichtig zu erfahren, was sie unter Germanisierung verstehen. Da können sehr verschiedene und merkwürdige Deutungen zum Vorschein kommen.

Die meisten Tschechen sehen schon in der Forderung der deutschen Verständigungssprache für gewisse allgemeinstaatliche Belange ein Streben nach Germanisierung. Um sich über das böhmische Problem zu unterrichten, genügt es nicht, Mattusch und Fiedler zu besuchen, wie Du es getan hast. Das sind gewiß alte, ehrwürdige Männer, jener ein Alttscheche, dieser ein Jungtscheche. Ich habe beide als aktive Politiker im Parlamente kennengelernt und schätze sie doch weniger sentimental ein als Du. Mattusch ist gewiß einer der gemäßigteren Tschechen, aber er geht letzten Endes genau so wie Fiedler nicht so sehr auf eine tschechischnationale Autonomie, als vielmehr auf die Wiederherstellung der Wenzelskrone (Böhmen, Mähren und Schlesien) aus; und Fiedler hat als Handelsminister in der Postverwaltung gegen die bestehenden gesetzlichen Vorschriften die Ausdehnung des Rechtes der tschechischen Sprache via facti angeordnet. Alle tschechischen Politiker gehen auf die Errichtung des böhmischen Staates aus. Sie berufen sich dabei auf Ungarn. Es ist mehr als zu vermuten, es ist vorauszusetzen, daß sie, wären sie einmal Herrn auf ihrem Gebiete, das Beispiel der Magyaren nachahmen würden. Sie würden zwar den fast drei Millionen Deutschen dieses Staates auf dem Papiere nationale Autonomie zusichern, aber durch kluge Politik dafür sorgen, daß von Generation zu Generation das deutsche Element abbröckeln würde. Das Deakische Nationalitätengesetz in Ungarn schützt die kleineren Völker national, nur wird es nicht durchgeführt. Die Magyarisierung macht von Jahr zu Jahr Fortschritte. Das nationale Bewußtsein der Deutschen ist ein schwaches Flämmchen, das Nationalgefühl der Magyaren und Tschechen ein lodernder Brand. Sie wollen sich nicht mit nationaler Autonomie bescheiden, sie wollen nationale Herrschaft. Ich bin objektiv genug, dieses Selbständigkeitsbestreben zu verstehen.

Die Tschechen sind eine kleine Nation, die durch Abwanderung nach Wien und Deutschland stetig an Volkszahl verlieren. Daher auch ihr Verlangen nach tschechischen Volksschulen in Wien. Jede wirkliche Großstadt assimiliert erbarmungslos. Nun ist der größte Teil der Zuwanderung nach Wien seit einem halben Jahrhundert tschechisch. Schon die zweite Generation dieser Zuwanderer ist verwienert. Die Umwelt ist zu mächtig. Der beste Beleg für die Geringfügigkeit tschechischen Nationalbewußtseins in Wien wurde bei den letzten Reichsratswahlen geliefert. Alle tschechischen Parteien hatten sich in allen Bezirken auf einen und denselben Zählkandidaten geeinigt. Er erhielt in allen einundzwanzig Bezirken zusammen nicht über 15 000 Stimmen. Das entspräche im günstigsten Falle einer Bevölkerungszahl von 75 000 bei einer Gesamtbevölkerung von zwei Millionen. Daß die von Wien aufgesaugten Tschechen gleich richtige Deutsche werden, möchte ich durchaus nicht behaupten. Sie werden Wiener, und die Wiener sind für sich eine besondere „Rasse", wie Du am besten weißt. Das ist für die Tschechen natürlich kein Trost. Für das tschechische Volkstum gehen diese verwienerten Tschechen eben verloren. Ebenso hat Prag die noch vorhandenen unteren Schichten deutschen Volkstums fast restlos aufgesaugt. In Böhmen selbst haben sich die nationalen Grenzen, wie Professor Rauchberg nachgewiesen hat, seit einem Jahrhundert nur unwesentlich verschoben. Nur die Kohlengebiete (Nürschau und Brüx) sind tschechisch infiltriert worden, die angeblich deutschen Städte hatten ja nur eine deutsche Oberschicht, die auf die Dauer ihre Herrschaft nicht halten konnte. In früheren Zeiten, da das Deutsche noch als das vornehmere galt, nahmen die aufstrebenden tschechischen Schichten die deutsche Sprache an. Das änderte sich mit dem immer stärker erwachenden tschechischen Nationalbewußtsein. Prag schien eine deutsche Stadt zu sein, so wie Brüssel heute eine französische Stadt zu sein scheint. Gesetzt, die Flamen kämen zu politischer Selbständigkeit, bald würde die französische Tünche Brüssels abfallen und das flämische Element das Übergewicht bekommen.

Die Tschechen in Prag müssen Dir sonderbare Dinge vorgeredet haben, wenn Du zu so exzentrischen Anschauungen über deutsch-tschechischen Nationalismus kommst, wie Du sie auf Seite 45 und 46 äußerst und wenn Du zu den jugendlich-waghalsigsten Wetten bereit bist. Doch will ich auf diesen Punkt aus leichtbegreiflichen Gründen jetzt nicht näher eingehen.

Aber ein Wort muß gesagt werden über Deine merkwürdige Auffassung des Panslawismus. Das tschechische Volk, meinst Du, ist stark, aber klein. Es sucht daher nach Anlehnung und findet sie bei den andern Slawen. Du setzest in Parallele dazu die österreichischen Deutschen, die, wie Du sagst, innerlich auch nicht allein mit Österreich auskommen, und „so nehmen sie sich noch Kant und die deutsche Philosophie, Goethe und Schiller, Bach und Wagner dazu". Das ist stark. Wir Deutsche in Österreich suchen bei den Deutschen im Reiche keine Anlehnung, wir sind geistesgeschichtlich mit ihnen eine Einheit. Geistesgeschichtlich und sprachlich.

Schiller gehört dem ganzen deutschen Volke, und auch Grillparzer gehört dem ganzen deutschen Volke. Wir Deutsche in Österreich sind kulturbegrifflich so gut eins mit dem gesamten deutschen Volke wie die deutschen Schweizer und die deutschen Balten. Nicht einmal von einer deutsch-österreichischen Literatur als einer untergeordneten Einheit kann man reden, wie etwa von einer schwäbischen, ostpreußischen usw. Denn das südliche Bajuwarentum Österreichs scheidet sich schon literarisch von dem nördlichen Sachsentum und Schlesiertum. Wobei ich gar nicht an die mundartliche Dichtung denke. Du gehörst nicht allein in eine deutsch-österreichische Literaturgeschichte, wenn man schon eine solche schreibt, sondern auch in die gesamtdeutsche Literaturgeschichte. Man muß gegen Deine merkwürdige Auffassung schon den lautesten Widerspruch erheben. Bei den Tschechen ist es nun ganz ebenso. Weder sprachlich noch geistesgeschichtlich bilden sie mit den übrigen slawischen Völkern eine Einheit. Ihre Sprache ist von allen andern slawischen Sprachen so verschieden, daß sie diese ohne besondere Studien nicht verstehen. Und geistesgeschichtlich sind sie seit je mit dem germanischen und romanischen Westen verbunden. Der Panslawismus trat als literarische „Wechselseitigkeit" auf, war aber im Wesen von Anfang an und auch heute, wo er unter dem Namen „Neoslawismus" geht, nationalpolitischer Natur. Es geht auf eine slawische politische Einheit. Geistig existiert diese Einheit nicht. Die Großrussen haben eine Geistigkeit, die sie von andern slawischen Völkern, gewiß aber von den Polen und Tschechen, aufs schärfste scheidet. Zwischen Rom und Byzanz steht eine hohe Mauer. Römisches und byzantinisches Christentum sind fast wesensverschiedene Dinge. Wie stark ihre Trennungskraft ist, zeigt das Volk der Serbokraten, in Abstammung und Sprache eine Einheit, durch das Religionsbekenntnis in zwei Teile gespalten. Bei dem Worte Panslawismus denken die einen Slawen geradezu an eine altrussische Herrschaft, die andern an eine Föderation der slawischen Nationen unter dem Schutze Rußlands. Wenn wir mit einem Schlage zu einem Verständnis kommen wollen, so setzen wir einmal dem Panslawismus den Pangermanismus gegenüber oder den Panlatinismus. In diesen beiden letzteren Fällen kann es sich nur um geistige Einheiten handeln. Solche Einheiten stellen diese beiden Begriffe wirklich dar. Ich will nicht in Abrede stellen, daß es gewisse slawische Gemeinsamkeiten gibt, aber eine geistige Einheit des Slawentums gibt es nicht. Du selbst gibst ja zu, daß die Tschechen durchaus abendländisch eingestellt sind, daß also der Panslawismus für sie keinen Sinn hat. Wenn er trotzdem bei ihnen gepredigt wurde, so ist das nur zu erklären durch den tschechischen Hypernationalismus und seine nervöse Angst vor dem Deutschtum. Daß diese verschwinde, muß die Sorge der deutschen Politiker sein. Es denkt doch niemand in Österreich daran, das tschechische Volk und seine Sprache auszurotten. Schon vernünftigerweise deshalb nicht, weil es unmöglich ist. Dann aber müssen die Tschechen den Traum des böhmischen Staatsrechtes endgültig aufgeben. Es ist hart für ein Volk, das auf eine ruhmreiche Suveränität in der Vergangenheit zurückblicken kann, auf eine solche in der Zukunft zu verzichten. Aber Tatsachen und Notwendigkeiten entscheiden. Die Tschechen mögen doch bedenken, daß die an Zahl ihnen überlegenen Deutschen in Österreich von ihrem Mutterland getrennt sind und ihr Schicksal ruhig tragen.

Du schließt Deine Ausführungen mit einem Satze, dem ich vollständig beistimme: „Es gibt keine österreichische Politik als die des unerschütterlichen Vertrauens auf Österreich, der strengen Gerechtigkeit gegen alle seine Völker und des entschlossenen Willens, daß Österreich ihrer aller Vaterland werden muß, Vaterland an Leib und Seele."

Ich möchte nun nicht, daß meine Polemik mit Dir bloß im Negativen stecken bleibe. Ich halte mich also an Deinen Schlußsatz und will versuchen, gestützt auf geschichtliche, politische und persönliche Erfahrungen und Darlegungen, zu gewissermaßen positiven Ergebnissen zu kommen, wobei ich hoffe, daß meine Ausführungen auch hier und da noch Lichter auf meine früheren kritischen Bemerkungen werfen und wir uns auf einem gemeinsamen Boden finden werden. Uns liegt die Lösung des österreichischen Problems am Herzen. Es in seinem ganzen Umfange zu erörtern geht hier nicht an. Wer aber Lösungen des böhmischen Problems anzubahnen sucht, hat auch für die größere Frage Gesamt-Österreichs schon viel geleistet.

Den Deutschen Österreichs ist der Vorwurf nicht zu ersparen, daß sie sich um das Wesen des tschechischen Volkes zu wenig bekümmert haben. Noch vor einem Menschenalter hat man vielfach seine Sprache noch als eine Dienstbotensprache betrachtet. Man hat die Rolle, die das tschechische Volk in der deutschen und österreichischen Geschichte gespielt hat, viel zu wenig gewürdigt. Ich erachte es für mich heute noch als ein gütiges Geschick, daß ich als Gymnasiast in den Jahren 1865—67 aus freiem Antrieb einen tschechischen Kursus besuchte. Leider habe ich die gewonnenen Kenntnisse nicht weiter gepflegt. Aber ich lernte doch in diesen Jahren die grammatische Grundlage der tschechischen Sprache kennen und erkannte ihren Formenreichtum und in ihrem Bau viele der deutschen Sprache mangelnden Vorzüge. Das bewahrte mich in meiner deutschnationalen Studentenzeit vor der allgemein üblichen Geringschätzung der tschechischen Sprache. Oft habe ich damals meinen deutsch-böhmischen Gesinnungsgenossen auf der Universität es zum Vorwurfe gemacht, daß sie nicht Tschechisch lernten. Manche von ihnen sind später in die Politik gekommen und haben ihre Unkenntnis bitter empfunden. Ich denke an einen unter ihnen, der Dein Farbenbruder war und der später in der deutsch-böhmischen Politik eine Rolle gespielt hat. Heute hat sich das ja einigermaßen geändert. Je mehr die Tschechen aufhörten Deutsch zu lernen, desto mehr fingen die Deutschen an Tschechisch zu lernen. Die ältere Generation der Tschechen sprach vorzüglich deutsch, die jüngere vertrotzte sich gegen das Deutsche. Ich habe das von 1885 bis heute im österreichischen Parlamente verfolgen können. Heute wird sich das wohl wieder bessern. Auch wurde viel zu wenig beachtet, mit welcher Kraft die tschechische Nation in hundert Jahren sich aus tiefster nationaler Erniedrigung heraufgearbeitet hat. Sie gab dadurch ein schönes Beispiel dafür, daß keine Nation an ihrer Zukunft zu verzweifeln braucht, wenn sie einen festen nationalen Lebenswillen hat. Ihr literarischer Aufschwung knüpfte unmittelbar an das deutsche Geistesleben an. Herder, der große Humanist, wohl der universalste Kopf Europas im achtzehnten Jahrhundert, war ja gewissermaßen der Entdecker des Volksgeistes. Seine „Stimmen der Völker" zeigten zum ersten Male das Dasein und die Eigenart des Volksgeistes auf. Der universalistisch gerichtete Geist unsrer klassischen Literatur spähte nach allen Fernen und in alle Winkel, um die Menschheit in ihren mannigfaltigen Formen zu suchen und zu finden. Derselbe deutsche Geist, der sich soeben aus den drückenden Fesseln des französischen Geistes befreit hatte und selbständig geworden war. Im Jahre 1897 erschien ein Buch „Deutsche Einflüsse auf die Anfänge der böhmischen Romantik", geschrieben von dem Slowenen Matthias Murko, das in streng wissenschaftlicher Weise die Abhängigkeit der tschechischen Literaturentwicklung von der deutschen Literatur erzählt. Es wäre interessant zu wissen, wie viele Deutsche in Österreich, von Fachleuten abgesehen, und wie viele deutsche Politiker dieses Buch gelesen haben. Natürlich Literatur, Romantik — was hat das mit Politik zu tun! Ich weiß, Du denkst nicht so, weil Du von der Wahrheit tief durchdrungen bist, daß alles Leben eines Volkes eine Einheit ist. Wir hatten kein Interesse für die geistige Entwicklung des tschechischen Volkes. Natürlich suchte die tschechische Literatur ihre Abhängigkeit von der deutschen abzuschütteln. Das haben wir Deutsche auch getan, aber da setzt der große Unterschied ein. Wir befreiten uns von der französischen Herrschaft, brachen aber die Verbindung mit französischer Kultur und Literatur nicht ab. Wir fühlten uns alsbald als den Franzosen gleichwertig. Bei den Tschechen war es anders. Bevor sie eine eigene literarische Selbständigkeit errangen, fühlten sie sich aus politisch-nationalen Gründen von der deutschen Abhängigkeit bedrückt und wandten sich je länger je mehr von allem Deutschen ab. Sie suchten sich an andre Kulturen anzulehnen, insbesondere an die romanische und späterhin an die russische (Vrchlicky). Wir haben ihre Literatur viel zu wenig aufmerksam verfolgt. Was übersetzt wurde, war nicht gerade immer das Beste und Charakteristischeste. Der politische Gegensatz trennte uns auch kulturell. Das war unserm Zusammenleben wenig förderlich. So standen wir einander unmittelbar feindselig oder doch fremd gegenüber.

Als die Verfassung kam, wollten die Tschechen sie nicht anerkennen. Sie übten Abstinenz. Sie verließen endlich die Politik und begannen die sogenannte Etappenpolitik. Was nicht auf einmal zu erreichen war, das sollte schrittweise erobert werden. Eine solche Politik erfordert Zurückhaltung, Klugheit, Langsamkeit. Das tschechische Volk ist aber sehr impulsiv und bis in tiefe Schichten hinein politisiert. Es wurde durch die vorsichtige Politik der Alttschechen ermüdet. Die Jungtschechen gewannen immer mehr an Anhang. Und so geschah es, daß in den Neuwahlen des Jahres 1891 die Alttschechen fast vollständig aufgerieben wurden. Es kamen lauter neue Männer.

Unter den Gewählten waren auch drei, die besondere Aufmerksamkeit erregten. Das waren drei sehr europäisch gebildete Männer, die alle drei an deutschen Universitäten studiert und sich auch schon literarisch betätigt hatten: Kaizl, Kramac und Masaryk. Sie bildeten im Parlamente eine eigene Gruppe und nannten sich Realisten. Man setzte große Hoffnungen auf sie. In der Tat vertraten sie im Parlament alle freiheitlichen und sozialen Forderungen, aber in nationaler Beziehung zeigte es sich bald, daß auch sie auf dem alten Standpunkt des böhmischen Staatsrechts standen. Sie hielten viele kluge Reden im Parlamente, aber national waren auch sie unerbittlich. Der Jungtscheche Julius Gregr hatte einmal gesagt: Das böhmische Staatsrecht sei ihm keine Pfeife Tabak wert. Das war nun längst vergessen, und die Jungtschechen forderten stürmisch das staatliche Selbständigkeitsrecht. Masaryk, Professor der Philosophie an der tschechischen Universität, galt als der besonnenste, am meisten europäische Politiker der Tschechen. Man lese seine Rede, gehalten am 20. März 1893, nach. Sie ist von Anfang bis zum Ende eine Verteidigung des böhmischen Staatsrechts. Es heißt da zum Beispiel: „Unsre staatsrechtlichen Forderungen, will ich kurz sagen, gipfeln in dem natürlichen Bestreben nach politischer Unabhängigkeit. Ein selbstbewußtes, größeres Volk, ein Volk, welches gebildet ist, ein Volk, das eine große Geschichte hat, verträgt es auf die Länge der Zeit nicht, nicht Herr über seine politischen Geschicke zu sein, und gerade Sie, die Sie sich beständig als Staatspartei gerieren, die Sie beständig in der staatlichen und politischen Betätigung das summum in politicis erblicken, müßten am ehesten begreifen, daß das böhmische Volk nicht ruhen wird und nicht ruhen kann, solange es sich nicht als politische Nation betätigen kann.“ An einer andern Stelle: „Die Verselbständigung unsres Staates werden Sie nicht hindern können.“ Und schließlich: „Sie können versichert sein, daß wir Ihnen Mähren und Schlesien entreißen werden; wir werden alle möglichen Mittel aufbieten, damit die slawische Majorität in diesen beiden Ländern ihre natürlichen und historischen Rechte erlange.“ Mit einer gewissen Absichtlichkeit sind die Ausdrücke „böhmisches Staatsrecht“ und „Wenzelskrone“ vermieden, aber der Sinn der Ausführungen Masaryks geht auf eine solche politische Selbständigkeit der „slawischen Länder“, wie sie Ungarn hat.

Nichts haben die Tschechen mehr bekämpft als die Vorschläge auf eine Teilung des Landes nach nationaler Abgrenzung. Praktisch wäre das nicht allzu schwer. Aber wohin käme es dann mit der „Zauberpracht und Zaubermacht der großen unvergänglichen Geschichte“ Böhmens? Ich bin nicht unzugänglich dem rührenden Scheine alter ruhmvoller Überlieferungen. Aber schließlich leben wir der Gegenwart und Zukunft. Was hat das deutsche Volk an ehrwürdigen Überlieferungen alles aufgeben müssen!

Endlich kam ein starker Mann, den Du offenbar auch jetzt herbeisehnst, und suchte in wichtigen Dingen die tschechischen Wünsche zum Teil wenigstens zu befriedigen. Er erließ die berüchtigten Sprachenverordnungen. Was aber hernach kam, war nicht sehr erhebend. Zehn Jahre parlamentarischer Obstruktion! In jener Zeit, lieber Bahr, war der österreichische Hofrat wirklich eine nicht unbedeutende Nummer. Er war nämlich der einzige Österreicher. Es ist wahr, er konnte nichts tun, er saß in seinem Amte und weinte. Aber er war Österreicher. Sonst gab es in ganz Österreich nur mehr

Deutsche, Tschechen, Polen usw. Daran hat auch das allgemeine Wahlrecht nicht viel geändert. Erst der Krieg hat Österreich wieder als eine Einheit gezeigt.

Freilich droht eine Gefahr, der schwer zu begegnen sein wird. Du schilderst eine gewisse Art von Politikern, die es immer und überall gibt, die aber in sehr ausgeprägtem Charakter unter den Deutschbürgerlichen in Böhmen zu finden ist. Das ist eine Gruppe von Leuten, die ohne jedes Verantwortlichkeitsgefühl und nur von nationalem Chauvinismus beseelt ist. Diese glauben, daß jetzt vielleicht eine Zeit gekommen sei, die dem Versuche günstig wäre, das tschechische Volk zu ducken. Gewisse Vorkommnisse während des Krieges, auf die hier nicht näher eingegangen werden soll, lassen in ihnen die Hoffnung erstehen, man werde nach dem Kriege den Tschechen von oben her sehr abgünstig gesinnt sein, und das könne man vielleicht benützen, um wieder eine Art deutscher Vorherrschaft in Böhmen aufzurichten oder wenigstens auch den berechtigten nationalen Forderungen der Tschechen kräftig entgegenstreben. Diese Leute benehmen sich so, als hätten sie alle deutschen Siege erfochten, und sind voll des unfruchtbarsten Hochmuts. Es ist weit entfernt davon, daß alle Vertreter der deutschbürgerlichen Politik in Böhmen so dächten. Aber der nationale Chauvinismus in Böhmen ist immer Trumpf gewesen und hat bisher alle Verständigungsversuche im Lande gestört. Es gibt auch unter den Deutschbürgerlichen viele besonnene Elemente, die die politischen Notwendigkeiten erkennen und ihnen entsprechend handeln wollen. Die auch genau wissen, daß jeder Versuch, das tschechische Volk zu demütigen, erfolglos bleiben muß. Es ist zu selbstbewußt, zu kraftvoll, zu zahlreich auch, um sich nullifizieren zu lassen. Außerdem hat es einen großen Vorzug vor den Deutschen dadurch, daß es durchaus demokratisch gesinnt ist. Auch im Bürgertum. Auf deutscher Seite sind die demokratischen Überzeugungen wesentlich schwächer und eigentlich nur durch die Sozialdemokratie vertreten. Der böhmische Landtag, der übrigens jetzt aufgelöst ist, hat eine wenig volkstümliche Wahlordnung. Er setzt sich aus der Vertretung von städtischen und ländlichen Wahlkreisen, in denen ein Zensuswahlrecht besteht, und aus Vertretern des Großgrundbesitzes zusammen. In dem Vordergrund der bisherigen Verständigungsverhandlungen stand immer auch die Frage der Landtagswahlordnung. Ihrer demokratischen Gestaltung würden sich die tschechischbürgerlichen Parteien nicht widersetzen. Wären auch die deutschbürgerlichen Parteien derselben Meinung, so würde dem vereinigten Willen dieser beiden Gruppen gegenüber der Widerstand des Großgrundbesitzes und der Regierung auf die Dauer nicht aufrechtzuerhalten sein. Natürlich würde eine demokratische Wahlreform das zahlenmäßige Übergewicht der Tschechen noch deutlicher als heute machen. Gefährlich könnte sie national den Deutschen wohl nicht werden, da eine Wahlreform allein ohne bestimmte organische Schutzgesetze nie in Kraft treten würde. Daß die Deutschbürgerlichen an eine demokratische Lösung des Landesproblems nicht denken, beweist die Tatsache, daß im Januar von ihrer Seite eine Zusammentretung von „Notabeln", wenn man will, stattgefunden hat, die nur die bisher wahlberechtigten Schichten vertraten. Es wurden nämlich zu den Beratungen eingeladen die gewesenen Landtagsabgeordneten, also Leute ohne den Schatten eines Mandates. Siegt unter den Deutschbürgerlichen die nationalchauvinistische Richtung, so ist der so notwendige Verständigungsgedanke wieder auf Jahre vergiftet und das politische Leben Böhmens neuerlich zur Unfruchtbarkeit auf lange hinaus verurteilt. Immerhin ist es nicht unmöglich, daß den nationalextremen Politikern insofern durch den Krieg die Rechnung verdorben wird, als auf die aus dem Kriege Zurückkehrenden die Gemeinsamkeit des Schützengrabens versöhnlich wirkt. Denn was man auch sonst sagen möge, deutsche und tschechische Soldaten haben oft zusammen dem Feinde die Stirne geboten. Der Krieg hat Österreich erst wieder als Einheit gezeigt.

Aber nun entsteht die große Frage: werden wir diese Einheit nach dem Kriege in Staat und Verwaltung herstellen können? Unmöglich so, daß alles beim alten bleibt. Es ist etwas gar zuviel Mannigfaltigkeit da. Abgesehen davon, was möglicherweise bei einem endgültigen Siege noch zur österreichisch-ungarischen Monarchie kommt, haben wir heute schon eine etwas reichliche Vielgestaltigkeit. Die Monarchie besteht aus drei Teilen: aus Österreich, Ungarn und den Reichslanden (Bosnien-Herzogewina). Ungarn besteht aus zwei Königreichen (Ungarn und Kroatien), Österreich aus siebzehn Kronländern. Ich spreche nur von Österreich. Wir haben acht Nationen. Ich will nur von den Deutschen und Tschechen sprechen. Wie wollen sie sich national einteilen? Soll an den Kronländern wirklich nicht gerüttelt werden? Dann schleppen wieder alle Nationen eine Kette am Fuß. Das heißt, da es wahrscheinlich so kommen wird, die Arbeit wird furchtbar ermüdend werden.

Am Brünner Parteitag der sozialdemokratischen Parteien Österreichs wurde zum ersten Male das Schlagwort der nationalen Autonomie ausgesprochen. Dr. K. Renner hatte sie formuliert. Sie war eigentlich gar nicht etwas so Revolutionäres. Palacky hatte schon im Jahre 1848 die Einteilung Österreichs in nationale Gebiete vorgeschlagen. Die Konstituierung der Nationen als Rechtskörper gäbe die Möglichkeit der von Masaryk geforderten politischen Betätigung der Nation. Sie könnte schließlich, wenn die Heiligkeit des Fortbestandes der Kronländer nun einmal feststeht, selbst unter ihrer Schonung durchgeführt werden. Aber die Tschechen müssen wollen. Wenn sie hartnäckig Widerstand leisten, ist es kaum zu machen. Man wird dann wieder die von Dir so geschmähten Politiker brauchen. Die Formen der modernen Demokratie sind nun einmal nicht zu umgehen. Die Sachen etwa einfach dekretieren wird den Machthabern selbst nicht leicht angängig erscheinen. Vielleicht hat der Krieg eine bessere Stimmung für die Verträglichkeit erzeugt. Wer kann da prophezeien? Aber das eine ist sicher: man mag sich drehen und wenden, wie man will, fast alles hängt von den Tschechen ab. Wollen sie sich mit der absoluten Sicherung ihres Volkstums begnügen, den staatsrechtlichen Traum fahren lassen, so gebietet die Klugheit und die Gerechtigkeit, ihnen aufs äußerste entgegenzukommen. Im andern Falle werden wir mühsam weiterwursteln.

Zeigt sich aber irgendwie die Möglichkeit einer Verständigung, so muß an die Stelle der heutigen Feindschaft nicht nur Verträglichkeit treten, sondern herzliches Bestreben, einander zu verstehen. Wenn die Tschechen dann sehen, daß wir sie als ein tüchtiges und begabtes Volk achten, ihre Anhänglichkeit an ihre Nation als ein Zeichen der Treue einschätzen und ihrer nationalen Geistesentwicklung nichts in den Weg legen wollen, wird sich nicht plötzlich und unvermittelt, aber nach und nach und stetig das Zusammenleben unter einem gemeinsamen Dache nicht nur erträglich, sondern förderlich für beide Teile gestalten.

Ich fürchte, daß diese schöne Zeit nicht einmal Du als der Jüngere von uns beiden erleben wirst. Wir müssen uns damit begnügen, unablässig nach ihr zu rufen. Mögen unsre Stimmen auch jetzt verhallen, wir leben der festen Überzeugung, daß kein gutes und ehrlich gemeintes Wort ganz verlorengeht. Ich finde mich mit Dir, dem ich in vielem widersprechen mußte, doch einig in dem Gefühle der Mitverantwortlichkeit für das Gemeinwesen, in dem wir nun einmal leben. Dabei verschlägt es nichts, daß die Grundstimmung, die in uns lebt, nicht ganz dieselbe ist. Du bist ein fanatischer Österreicher mit Leib und Seele. Ich bin ein Österreicher mit dem Kopfe, im Herzen bin und bleibe ich ein Deutscher."

Pernerstorfer hat mich nicht bekehrt: Er versucht ja doch auch gar nicht, meine Meinung zu widerlegen, er teilt nur seine mit, der nun ich wieder bloß mit der meinen antworten könnte, noch einmal, dann er wieder, und in Ewigkeit so fort, ohne daß jemals einer von uns beiden klüger würde, geschweige der Leser. Nach einem Disput von solcher Art (auch über Böhmen, aber über einen friedlicheren Punkt Böhmens, nämlich über den Kammerberg) hat Goethe, verwundert, den Widersacher seiner Meinung nicht überzeugen, noch sich ihm unterordnen zu können, die Vermutung ausgesprochen, „daß es mehr Impuls als Nötigung sei, die uns bestimmt, auf eine oder die andre Seite hinzutreten". Und nach diesem Geständnis fährt er fort: „Hierdurch mußte bei mir eine milde, gewissermaßen versatile Stimmung entstehen, welche das angenehme Gefühl gibt, uns zwischen zwei entgegengesetzten Stimmungen hin und her zu wiegen und vielleicht bei keiner zu verharren. Dadurch verdoppeln wir unsre Persönlichkeit." Wer das könnte, hätte vielleicht noch am ehesten Aussicht, in politischen Fragen zu einer Art Wahrheit zu gelangen. Ich bin noch nicht so weit, bin es so wenig, daß ich, aus Eifersucht, Pernerstorfer könnte doch, mehr als mir recht wäre, Eindruck auf den Leser gemacht haben, mich nicht enthalten kann, noch einen kleinen Aufsatz über Böhmen einzuschalten:

„In dieser Zeit zieht jedes Volk die Summe seiner Bedeutung und legt Rechenschaft über sich ab. Auch wir Österreicher. Ja, wir haben dazu noch mehr Anlaß als die andern. Denn dieser Krieg hat uns gezeigt, wie wenig man uns kennt, selbst unter unsern Nachbarn. Vielleicht nicht ohne unsre eigene Schuld, weil wir ein sozusagen sprachloses Volk sind, das kein Bedürfnis hat, sich zu formulieren. Die Sicherheit, aus der wir handeln und fast wie nachtwandelnd unsern Weg finden, genügt uns, und so glauben wir, sie müßte auch den andern genügen. Was wir in unsrer Ecke zu tun hatten, ist stets lautlos und wie von selbst geschehen; Prometheus und Epimetheus sind uns beide gleich unbekannt, wir handeln, doch wir reflektieren dabei nicht über uns, weder vorher noch nachher. Versucht dies doch einmal einer, so gehört er stets der dünnen, über unserm Volke schwebenden, ganz losen Oberschicht von Intellektuellen an, die wieder nicht aus unsern Instinkten reflektiert, sondern ihre Gedanken, ja selbst ihre Stimmungen und auch den Ausdruck, die Mundart aus der Fremde borgt. Und so haben wir nebeneinander den echten Österreicher, der sich nicht ausspricht, und den sprechenden Österreicher, der niemals ganz echt ist; kein Wunder, daß Österreich ungehört bleibt. Unser Glück ist, daß der Intellektuelle niemals Macht über Österreich gewann; es handelt noch immer mit ungeschwächter Sicherheit aus seinen untrüglichen Instinkten. Der Krieg aber hat uns gelehrt, daß es an der Zeit wäre, uns dieser Instinkte doch endlich auch bewußt zu werden, und schon sind Zeichen da, daß jetzt ein neues Geschlecht andrer Intellektueller, wahrhaft österreichischer Intellektueller, in allen unsern Nationen entsteht, die kein ärmlicher Absud wesenloser Entlehnungen mehr sind, sondern Geist unsrer Eigenart. Auch wir besinnen uns jetzt auf uns selbst.

Dieser Selbstbesinnung verdanken wir Hofmannsthals „Österreichische Bibliothek“, ein herzhaftes, großgesinntes Unternehmen, dem man zu seiner Zuversicht, seinem Takte, seiner Klugheit nur noch einen Schuß von unmittelbarer lebendiger Kraft wünschen möchte, mehr fortwirkenden Bezug auf den Augenblick, um es vor dem Alexandrinischen zu bewahren. Diese Gefahr droht dem jungen Robert Müller keineswegs, der sich eher hüten muß, nicht vom Augenblick verzehrt zu werden; aber er ist ein prachtvolles Beispiel unsrer neuen Rasse, an der nicht ganz unschuldig zu sein ich mir schmeichle: der Rasse von hochmütigen Österreichern, die darauf pochen, Österreicher zu sein. Die Ungarn sind uns ja mit gutem Beispiel vorangegangen, und sie vergessen auch jetzt nicht, daß es nicht genügt, was ein Volk *ist*, was ein Volk *will*, was ein Volk *kann*, wenn es nicht dafür zu sorgen weiß, daß man das auch überall erfahre, wenn es sich nicht zu plakatieren versteht. Am längsten haben unsre Slawen gebraucht, dies zu lernen. Der Dolmetsch ihres eigenen Wesens bei Europa zu sein haben sie lange versäumt. Vielleicht aus einem sehr edlen Stolze, in dem schönen Gefühl, ihr Werk selber müsse für sie sprechen, und sie hätten's nicht nötig, sich öffentlich auszurufen; was sehr österreichisch gedacht, aber sehr unpraktisch ist, im Zeitalter der Annonce. Auch meinten sie vielleicht, an uns deutschen Österreichern sei's, die Kultur der Westslawen und der Südslawen Europa zu vermitteln, wobei sie sich freilich auf unsre Väter berufen konnten und nur vergaßen, daß wir ja nicht einmal unsers eigenen Wesens Mittler waren. So blieben sie versteckt, und der Deutsche wußte von Irland oder Portugal mehr als von seinem stummen Nachbarn in Dalmatien oder Böhmen.

Die Böhmen haben ihr Versäumnis jetzt auf einen Schlag nachgeholt: das eben in Prag erschienene Werk „Das böhmische Volk", ein stattlicher Band in Folio, 247 Seiten stark, von Dr. Tobolka herausgegeben, deutsch geschrieben, mit der ausgesprochenen Absicht, das Heimatland in der Fremde zu „repräsentieren", ist wirklich das Plakat Böhmens, das dem Lande bisher gefehlt hat. Wenn wir auch ferner noch von den Böhmen nichts wissen werden, ist es nun nicht mehr ihre Schuld. Denn was sie sind und was sie vermögen, wirtschaftlich, künstlerisch und wissenschaftlich, ihr ganzes schaffendes oder bildendes und betrachtendes Leben, das äußere und innere Dasein und aus welcher Vergangenheit es sich entwickelt hat, auf welche Zukunft es zu deuten scheint, wird hier mit Entschiedenheit, voll Zuversicht, ohne Ruhmredigkeit im ruhigen Tone sachlicher Beschreibung kundgetan. Einem statistischen Aufsatze folgt eine Schilderung der „physischen Beschaffenheit und Kriegstüchtigkeit des böhmischen Volkes", dann werden seine Geistesväter beschworen, der flammende Hus, der stille Comenius, der ordnende Palacky. Der literarischen Renaissance mit ihrem Gewühl bald atemlos stürmender, bald bedächtig zögernder, zurückblickender oder vorbereitender, in der Volksart eingewurzelter oder durch die Welt schweifender, bald durch höchste Beschränkung, bald durch weiten Sinn wirkender und, wie sich in der Enge diese Fülle von Begabung auch drängt, doch immer einträchtig zielender Gestalten wird gedacht: die bildende Kunst erscheint, anfangs der Gotik folgend, dann dem Barock, doch erst in Joseph Manes sich zum erstenmal ganz auf den eigenen

Geist besinnend. (Warum hat man den Berlinern diesen Künstler nie gezeigt, der in der Form Klassizist, aber eine romantische Natur, künstlerisch von der höchsten Mäßigung, im Leben ganz unbeherrscht war, durch und durch im besten Sinne problematisch, zuletzt von der Nacht des Wahnsinns verschlungen, gleichsam ein malender Nietzsche?).

Das Kapitel über „Die Böhmen in der Weltmusik" beginnt mit Mozart, dessen Don Juan auf böhmischer Erde zum erstenmal erklang, es schließt mit Richard Strauß, der seit der Elektra so stark auf die jungen böhmischen Musiker einwirkt, und zwischen diesen beiden halten sich Smetana, Dvorak und Fibich, aber auch Kovacevic, Förster, Novak und Suk ganz gut. Auch der Anteil Böhmens an der Entwicklung der Mathematik, der Chemie und der Rechtswissenschaft, wie sein Schulwesen, seine Landwirtschaft und Industrie, sein Handel und sein Geldwesen werden gezeigt, und selbst dem heiklen Thema der böhmischen Selbstverwaltung fehlt es an einer übersichtlichen Darstellung nicht.

Auch wer Böhmen zu kennen glaubt, erstaunt bei diesem Anblick seiner Kultur. Sie hat eine bewundernswerte Kraft, die fast unbegreiflich erscheint, denn man vergesse ja nur nicht, daß dies alles das Werk von kaum hundert Jahren ist! Als das Kaisertum Österreichs begann, gab es keine böhmische Kultur mehr, es gab kein böhmisches Volk mehr. Böhmen hat aus tiefem Schutt erst wieder ausgegraben werden müssen. Das ist eine weltgeschichtliche Leistung ohnegleichen, deren der Deutsche sich um so reiner freuen darf, als ihr Anfang unter deutschem Segen steht: Goethe hat sein großes

Auge freundlich darauf ruhen lassen. Die Wiedergeburt Böhmens begann mit der Gründung des Böhmischen Museums im Jahre 1822, und in eben diesem Jahre hat sein Gründer und erster Präsident, der Graf Kaspar Sternberg, den ihm bisher nur brieflich verbundenen Goethe von Angesicht kennengelernt. Sternberg, aus uraltem böhmischen Geschlecht, eines Kämmerers Sohn, in Prag aufgewachsen, zum geistlichen Stande bestimmt, Domherr von Regensburg bis zur Beschießung der Stadt, dann heimgekehrt, um, schon fast fünfzig, nur noch seinen gelehrten Neigungen und besonders dem botanischen Studium zu leben, bald aber von einem Vetter für die Geschichte der Heimat interessiert, an ihrer Erweckung teilzunehmen aufgefordert und in den vaterländisch gesinnten Kreis der Lobkowitz und Clam-Martinitz eingeführt, ein richtiger Edelmann alten Schlages, dessen angeborener großer Sinn noch auf Reisen und durch Verkehr mit den bedeutenden Männern der Zeit erweitert und bereichert worden, traf damals in Marienbad mit Goethe zusammen, und unter dem „Tausendfältigen", was in diesen zwei Wochen, wie Goethe selbst berichtet, „zur Sprache kam", wird auch des Grafen neues vaterländisches Unternehmen gewesen sein, und der hohe Sinn, in dem es geplant war.

Es fand Goethe gut vorbereitet durch Woltmann, den Jenenser Historiker, Mitbegründer der „Horen", Verfasser einer einsichtigen Kritik von „Wahrheit und Dichtung", die Goethe sehr hoch hielt. Der nahm, in Kriegszeiten nach Prag verschlagen, die Gelegenheit wahr, nun auch an der Geschichte Böhmens seinen Tiefblick, sein Gehör für den inneren Trieb in äußeren Begebenheiten zu beweisen; er hat einen „Inbegriff der Geschichte Böhmens" verfaßt, der heute noch gelesen zu werden verdient, auch weil da das Problem Österreichs, „die Individualität der einzelnen Nationen abzuschleifen und abzurunden", ohne doch „die individuelle Nationalität gänzlich zu brechen oder durchaus zu hemmen", schon rein erblickt wird. Durch ihn ist Goethe, früher nur als Kurgast, geologisch und gesellschaftlich an Böhmen teilnehmend, erst auf die seltsamen Schicksale des böhmischen Volkes gelenkt, zugleich aber auch der tiefen Einsamkeit und Abgeschiedenheit, in der es lebt, gewahr geworden: „Dieses Land, als wahrhaft mittelländisch, von Bergen umgeben, in sich abgeschlossen, führt durchaus den Charakter der Unmitteilung in sich selbst und nach außen." Wie muß ihm da der erste Versuch einer Mitteilung willkommen gewesen sein! Und das war ja jenes vaterländische Museum, dem Graf Sternberg Pate stand, und Goethe denn auch gleich der eifrigste Berater, Anwalt und Förderer wurde. Freudig nahm er das Erwachen des böhmischen Geistes wahr, wandte sich den Arbeiten des Abbé Dobrowsky zu, lauschte der Volksdichtung (aus der Königinhofer Handschrift, die damals noch für echt galt, hat er ein Lied, „Das Sträußchen", frei nach einer wörtlichen Übersetzung umgedichtet) und ließ nicht ab, für die Monatsschrift des Museums zu wirken. Er entwarf eine Anzeige der Monatsschrift für Varnhagens Zeitung, darin heißt es: „Von dem Zusammenleben zweier Sprach- und Dichtungssphären gibt uns Böhmen jetzt ein merkwürdiges

Bild, worin bei größter Trennung, wie schon der Gegensatz von Deutschem und Slawischem ausdrückt, doch zugleich die stärkste Verbindung erscheint. Denn wenn die böhmischen Dichter, indem sie selbst alten Mustern folgen, nicht umhin können, durch Sinnesart, Ausdrucksweise und Gedichtformen doch auch in heutiger Bildung Deutsche zu sein, so sind hinwieder die deutschen Dichter in Böhmen durch entschiedene Neigung und stetes Zurückgehen zum Altnationalen ihrerseits recht eigentlich böhmisch."

Diese Sätze schrieb nicht Goethe, sie sind in dem Entwurf Goethes von Varnhagen eingefügt worden, aber mit Goethes Zustimmung. Denn ganz so sah auch Goethe das Verhältnis der beiden Stämme Böhmens. Es ist seitdem anders geworden. Warum aber dürften wir nicht denken, wünschen, hoffen, daß es wieder einmal anders werden wird? Dieses von Böhmen deutsch geschriebene, an Deutsche gerichtete Buch könnte ein Anfang dazu sein."

Zu Seite 160. In seiner gedankenvollen Geschichte des deutschen Nationalbewußtseins „Vom deutschen Volk zum deutschen Staat" (Aus „Natur und Geisteswelt") fragt Paul Joachimsen, warum unsre mittelalterliche Geschichte mit einem geistlichen Zeitalter beginnt. Er glaubt den Grund in dem Bedürfnisse des Kaisertums nach Menschen mit „größeren Raumvorstellungen" zu finden; „solche Menschen lieferte damals nur die Kirche, sie aber lieferte sie in steigender Fülle." Unsre Zeit steht wieder vor demselben Problem: die Wirklichkeit bewegt sich jetzt in Räumen von einer Weite, für die den Gewohnheiten des Nationalstaats noch das Augenmaß fehlt; aus seiner Enge gesehen, zeigt sie sich in Verkürzungen, in Überschneidungen, daß ihm vor Angst der Atem vergeht. Das nationalstaatliche Denken wird zu dieser neuen Wirklichkeit nie genug Distanz haben, um sie richtig zu sehen. Wie stark sie aber schon überall empfunden wird, beweist der Erfolg Naumanns. Sein Mitteleuropa sagt gerade dadurch so viel, daß es eigentlich immer nur ein und dasselbe sagt, nämlich wie schön es für uns alle in einem größeren Raum wäre. Durch das ganze Buch klingt eine tiefe Sehnsucht, das ist die ewige Sehnsucht des Deutschen über sich hinaus. Zu allen großen Zeiten hat's der richtige Deutsche niemals in seiner eigenen Nation ausgehalten, dem deutschen Volke wird immer erst wohl, wenn es aus sich in die Welt tritt.*) Es selbst ist für sein eigenes Gefühl nur ein Weg, das Ziel aber ist erst am Ende seiner selbst, ist draußen, drüben. Der entscheidende Schritt des Deutschen geht zu allen großen Zeiten über ihn hinaus: das ist der Schritt vom König Heinrich zum Kaiser Otto, von Barbarossa zu Friedrich II. Und immer ist's ein Schritt mit Gefahr des Lebens; daher das Grauen, das in seiner Verlockung steckt, daher die tiefe Dankbarkeit für Männer, die dieser Verlockung widerstehen: für Luther, für Bismarck, für Männer mit Kraft zur Einengung des schweifenden deutschen Geistes. Der Irrtum Naumanns ist, das deutsche Volk könne jenen Schritt wagen, ohne sich zu überschreiten. Und das war

*) Vgl. C. Burdach „Deutsche Renaissance" Berlin 1916 und E. Troeltsch „Humanismus und Nationalismus" Berlin, Weidmann 1917.

Naumanns Erfolg: denn das hätten ja die Deutschen jetzt am liebsten, sie möchten ins Weite, doch ohne die Enge zu verlassen. Daher ihr Ärger über Fr. W. Foerster, der den Mut zur inneren Weite hat. Er hat nur die Wahl, vor der der deutsche Geist jetzt steht, mit Bismarck oder Konstantin Frantz benannt, was doch eher irre führt, weil die beiden Namen jedenfalls ja schon an Spannung zu verschieden sind. Joachimsen hat Namen bereit, die den Gegensatz ebenso treffen und sich doch das Gewicht halten: er weist auf den Geisteskampf Heinrich von Sybels mit Julius Ficker hin. Ficker, Westfale von Geburt, Österreicher durch Wahl, Katholik in seiner inneren Form, hatte vor dem praktischer gesinnten, dem Augenblick zugewendeten Sybel die „größeren Raumvorstellungen“ voraus. Er behielt unrecht in einer Zeit, der, um die Geister zur unmittelbaren Tat zu versammeln, noch der engere Raum genügte. Vielleicht kommt jetzt eine, die noch nachträglich Ficker gegen Sybel recht geben wird. Vielleicht kommt jetzt wieder eine großdeutsche Zeit, die Zeit Österreichs. Vielleicht hat uns die Geschichte nur deshalb ein Menschenalter lang in die Ecke gestellt, um uns aufzusparen, bis Europa Not hätte nach Österreich. „Wen die Götter lieben, den führen sie zur Stelle, wo man sein bedarf,“ heißt's im Elpenor. Jetzt sind wir zur Stelle, scheint's.

Die Nationalisten sind in allen Ländern eine seltsam gemischte Schar. Der gierige Händler, nach Macht verlangend, um sein Geschäft zu machen, der wüste Schreier, den Lärm lockt, der verworrene Phantast findet sich da mit dem edlen Schwärmer, dem Seher, der in der Zeit schon die Zeichen der Ewigkeit schaut, dem ahnungsvoll vorauseilenden Idealisten zusammen, der schon in einer noch ungeborenen Wirklichkeit lebt. Der schlechte Teil der deutschen Nationalisten wird (nicht ohne Grund) sich verraten glauben, wenn Österreich die Führung anspricht. Der Idealist, der das Ziel will, mit welchen Mitteln immer, wird Österreich zustimmen, wenn er nur erst erkennt, daß es der Weg zur deutschen Weltmacht ist: denn die Form, die der deutsche Geist zum Verkehr mit der Welt braucht, hat Österreich noch nicht, aber der Österreicher hat sie. Das Österreich, von dem in dieser Schrift immerfort gesprochen wird, ist ja zunächst noch nur in der Idee da, nämlich an dem großen starken reinen Bilde, das einzelne Österreicher davon tragen, in sich tragen und zur Schau tragen (die meisten noch dazu halb unbewußt); es ist das Österreich der Vergangenheit mit seinem Drang und seiner Macht zur Zukunft. Und es wird entscheidend sein, entscheidend für Deutschland und Österreich, für beide, doch entscheidend auch für die Welt, ob dieses Österreich jetzt endlich zur Gegenwart wird.

Unser Augenblick ist da, der Ruf ergeht an uns, in Bereitschaft sind wir. Man wird es uns auch glauben, sobald wir nur erst selbst an uns glauben lernen. Nur daran fehlt's uns noch. Uns fehlt der Stolz auf uns. Wir wissen noch nicht, daß man uns braucht; wir wagen es noch nicht zu wissen. Wer stellt denn aber Europa wieder her, wer denn, als wir? Wir sind die nächsten dazu. Nur deutsche Kraft mit katholischem Geiste kann es. Wir haben bloß wir selbst zu sein, so sind wir schon ein kleines Europa, das große setzt sich an. Wir müssen bloß endlich lernen, einmal beherzt Gebrauch von uns zu machen.

Zeitfracht Medien GmbH
Ferdinand-Jühlke-Straße 7
99095 Erfurt, Deutschland
produktsicherheit@kolibri360.de